U0450800

Obra de Gabriel García Márquez
1982

El olor de la guayaba

GABRIEL GARCÍA
MÁRQUEZ

PLINIO APULEYO
MENDOZA

番石榴飘香

[哥伦比亚] 加西亚·马尔克斯 P.A. 门多萨 著

林一安 译

CONVERSACIONES CON GABRIEL
GARCÍA MÁRQUEZ

新经典文化股份有限公司
www.readinglife.com
出　品

目 录

渊源 —— 1

家人和亲友 —— 15

谈写作 —— 33

修养 —— 57

读物及影响 —— 73

作品 —— 87

等待 —— 105

《百年孤独》 —— 119

《族长的秋天》 —— 133

今日 —— 153

政治 —— 165

妇女 —— 181

迷信 怪癖 爱好 —— 195

声誉和盛名 —— 209

译后记 —— 225

渊源

每天上午十一点钟光景，一列火车穿过广袤的香蕉种植园，准时抵达镇上。人们日后一定会记得，那是一列颜色发黄、沾满尘土、裹在一片令人窒息的烟雾之中的火车。紧挨着铁路，满载着一串串青香蕉的牛车在尘土飞扬的小道上缓慢地行进。气候炎热潮湿。火车抵镇时，酷热难当，在车站等候的妇女们一个个都打开色彩缤纷的阳伞以抵御炎日的炙烤。

一等车厢配备有柳条座椅，而短工们乘坐的三等车厢就只有硬邦邦的木制靠背椅了。有时候，这种列车还会挂上一节装有蓝色玻璃窗和冷气设备的车厢，专供香蕉公司的高级职员享用。从这节车厢走下来的乘客，跟人们在那个镇子的大街上擦肩而过的人可不一样，他们的穿戴不同，肤色不像镇上人芥末似的灰黄，神情也没有那么疲惫。他们一个个红头涨脸，活像虾米似的，头发金黄，体格健壮。他们头戴软木遮阳帽，打着绑腿，仿佛探险家一般。他们把妻子也带来了，这些纤弱的女人穿着轻柔的薄纱衣裳，一副惊奇的模样。

"他们都是美国佬。"外祖父告诉他①。老人当过上校，他讲这番话时神情中隐含着鄙夷不屑。对于所有的外来户，这个镇子的老住户都采取同样的蔑视态度。

当加夫列尔降临人间的时候，数年前曾在这一带轰动一时的"香蕉热"还留有一点儿余温。阿拉卡塔卡仿佛遥远的西部地区的一个小镇，这不仅是因为它的火车，老式的木头房子，以及熙熙攘攘、尘土飞扬的街道，还因为有关它的神话和传说：大约是一九一〇年光景，早在美国联合果品公司在浓

---

① 指加夫列尔·加西亚·马尔克斯。

荫蔽日的香蕉种植园的腹地安营扎寨之前，这个镇子就已经有过一段光辉富饶的历史了。那年月，真是挥金如土啊。据说，达官权贵和巨商富贾一面欣赏着裸体女人跳昆比亚舞①，一面用钞票点火抽烟。

诸如此类的传说把大批冒险家和妓女一窝蜂似的吸引到哥伦比亚北部沿海地区的这个偏僻的小镇上。"垃圾里有独身女郎，也有大老爷们儿。男人们把骡子拴在旅店的木桩上，随身携带的行李不过是一只木箱或一卷衣服。"②

外祖母堂娜特兰基利娜出身于镇上一个历史最为悠久的家庭。对她来说，"由众多陌生的面孔、大道上支起的帐篷、当街更换衣服的男人、张着雨伞端坐在箱笼上的妇女以及饿死在旅店马厩里的被丢弃的骡子所组成的那场狂风暴雨"③，只是一堆"枯枝败叶"，也就是说，是香蕉财富给阿拉卡塔卡留下的一堆人类渣滓。

外祖母掌管着这个家。加夫列尔日后将会回想

---

① 哥伦比亚的一种民间舞蹈。
②③ 引自《枯枝败叶》。

起来，这是一幢阔大而古老的建筑，有一个院子，每到炎热难当的夜晚，便飘逸出茉莉花的阵阵幽香，还有许许多多的房间，有时候可以听到亡灵在里面轻声叹息。堂娜特兰基利娜一家来自瓜希拉①，那是一个满是炽热砂地的半岛，印第安人、走私犯和巫师比比皆是。对外祖母来说，生者与死者之间并没有什么明确的界线。鬼怪神奇的故事一经她娓娓道来，便轻松平凡，仿佛聊家常似的。她身材瘦小，但很结实，长着一双迷人的蓝色大眼睛。后来，她渐渐老了，眼睛也失明了，那条生者与死者之间的界线也就越来越脆弱，所以，她最后是一面跟死人讲着话，倾听着他们的怨言、叹息和哭声，一面结束了自己的生命。

每当夜晚——那是令人窒息的热带夜晚，洋溢着浓郁的晚香玉和茉莉花的芬芳，还有唧唧的虫声——骤然降临，外祖母就让当时只有五岁的加夫列尔坐在椅子上别动，跟他描述在家里走动的游魂

---

① 哥伦比亚北部省份，位于瓜希拉半岛上。

来吓唬他：佩特拉姨姥姥、拉萨罗舅姥爷，还有玛加丽塔姨妈。玛加丽塔·马尔克斯姨妈早就死了，死时还非常年轻、非常漂亮。全家整整有两代人都还十分清楚地记得她。"你要是敢动，"外祖母对外孙说，"在自己房间里的佩特拉姨姥姥或拉萨罗舅姥爷就要来了。"

（在近五十年之后的今天，当加西亚·马尔克斯在罗马或曼谷的旅馆里半夜醒来，仍然会多少感受到他童年时代的这种恐怖：冥冥之中的死魂渐渐逼近过来。）

其实，他童年时代居住的那幢房子并不是他父母的，而是他外祖父母。这种非常特殊的环境使他从小就徘徊在大人的世界里，沉浸在大人们关于往昔岁月战争、贫困和繁荣的记忆中。他的母亲路易莎是镇上的一位漂亮姑娘，她是马尔克斯上校（一位深受全镇居民尊敬、参加过内战的老军人）的女儿，受过严格而体面的（当然是完全西班牙式的）教育。这种教育方式是这个地区的老式家庭所特有的，所以跟暴发户和外来户格格不入。

一天下午，一个小伙子全然不顾这条鸿沟，镇静而礼貌地来向路易莎求婚了。他正是这个家庭对之心存疑虑的一个外来户。加夫列尔·埃利希奥·加西亚是在放弃了卡塔赫纳①大学医学系的学业之后，作为一名电报报务员来到阿拉卡塔卡的。他没有钱念完大学，只得拿定主意谋取一份公务员的差使，然后成家立业。他把全镇所有的姑娘都细细考虑了一遍，最后决定向路易莎·马尔克斯求婚，因为她端庄美丽，而且家庭名声也好。就这样，他毅然登门求亲，态度异常坚决，而事先却没有向姑娘说过或写过一句爱慕的话。但这事遭到了全家的反对：路易莎不能和一个报务员结婚。这个报务员是玻利瓦尔省人，这个省的人举止粗鲁随便，缺乏上校以及他的家人那种严肃冷静的气质。更为糟糕的是，加西亚是保守党，而上校一生——有时甚至还拿起武器——都在反对这个党派。

为了和这个求婚者保持距离，路易莎由母亲带

---

① 哥伦比亚北部港口城市。

着，去别的省份和边远的海滨城市作长途旅行。然而这一切都无济于事。无论在哪个城市，总有电报局，而报务员们总是帮他们在阿拉卡塔卡的那位同行的忙，设法把他用摩尔斯电码发来的倾诉爱情的电报送到姑娘手里。姑娘走到哪儿，电报就跟到哪儿，就好像黄蝴蝶总是缠着马乌里肖·巴比伦打转转一样①。报务员如此情真意切，马尔克斯一家也只好让步了。婚后，加夫列尔·埃利希奥和路易莎去里奥阿查②定居。那是加勒比沿海地区一座古老的城市，昔日常受海盗的骚扰。

在上校的要求下，路易莎在阿拉卡塔卡生下了她的第一个孩子。也许是为了消除和报务员结婚引起的最后的隐痛，她把刚生下的孩子留给他的外祖父母抚养。这就是加夫列尔得以作为无数妇女中间唯一的男孩在这个家庭成长的原因。堂娜特兰基利娜谈起死人来，就好像他们一个个都还活在世上一般。弗兰西斯卡表姑姥姥、佩特拉姨姥姥，还有

---

① 《百年孤独》中的情节。
② 哥伦比亚北部城市，瓜希拉省首府。

埃尔维拉姨妈，她们都是些古怪的女性，整天回忆陈旧的往事，都赋有能预知未来的超常本领，有时候还和在她们家帮佣的印第安妇女一样迷信。她们也把荒诞怪异的事情看作家常便饭。比方说弗兰西斯卡·西莫多塞娅表姑姥姥，她是个身体结实、精力充沛的妇女，有一天却坐下来开始织自己的裹尸布。"您干吗要织裹尸布呢？"加夫列尔问她。"孩子，因为我快要死了。"果然，她织完裹尸布，就躺在床上，死了。

当然，全家最重要的人物还是加夫列尔的外祖父。每当家里聚餐的时候，他总是端坐首席。这种时候，不仅家里所有女人，亲朋好友也会乘坐十一点钟到达的火车前来参加。这位老人因害青光眼瞎了一只眼睛，但他胃口奇佳，所以腆着个大肚子。而且，他性欲旺盛，在全镇竟然生了几十个私生子。马尔克斯上校是个德高望重的自由党人，受到全镇百姓的敬重。他毕生只碰到过一个人胆敢对他出言不逊，后来此人被他一枪结果了性命。

上校在青年时代参加过好几次内战。那是支持联邦制的自由党人和自由派思想家们为反对由大庄园主、教会以及常规武装部队支持的保守党政府而发起的。始于一八九九年、终于一九〇二年的最后一次内战在战场上留下了十万具尸体。迷信加里波第①和法国激进主义的一批自由派青年穿着红衬衣、高举红旗奔赴战场,其中十有八九断送了性命。上校是在转战沿海各省时获得军衔的;那儿,在传奇的自由派首领拉斐尔·乌里韦·乌里韦将军②的号令下,战事尤为残酷激烈(乌里韦的某些性格和许多外貌特征后来被加西亚·马尔克斯用来塑造奥雷里亚诺·布恩迪亚上校这个人物)。

六十岁的外祖父总是在回忆那次内战中一个个令人着迷的故事,他和五岁的外孙由此(在这个尽是妇女的家庭中,他们是仅有的男性)建立起一种特殊的友谊。

加夫列尔一定会永远记得这位老人,记得他在

---

① 朱塞佩·加里波第(1807—1882),意大利军人、政治家,曾参加乌拉圭抵抗阿根廷军队入侵的战斗。
② 拉斐尔·乌里韦·乌里韦(1859—1914),哥伦比亚军人,"千日战争"(1899—1902)时期的自由派首领。

餐桌首席落座时族长般稳重的举止。在他面前摆着一盘热气腾腾的木薯肉汤①,一旁家里所有女人都在叽叽喳喳,活跃异常。他一定会记得傍晚时分和外祖父一起去镇上散步的情景,记得老人有时候当街停住脚步,突然叹一口气,向他(一个五岁的孩子)吐露心事时的神情。老人说:"你不知道一个死人有多么折磨人。"

加夫列尔也会记得,上午,老人常常带他去香蕉种植园,在从山上奔腾而下的河水里洗澡。河水湍急,清冷澄澈,河床上那些卵石巨大洁白,宛若史前动物的蛋。②他会记得那寂静的香蕉种植园,记得天气渐渐变热时神秘的蝉噪,记得那位张口就提内战的老人,这位老人滔滔不绝地讲骡拉的大炮、围困、战斗、教堂的中殿里奄奄一息的伤兵,以及在公墓围墙前被枪毙的人。这一切会永远铭刻在他脑海深处。

---

① 拉丁美洲特有的食物,由肉类、薯类、蔬菜和香料一起炖制的浓汤。
② 见《百年孤独》开篇关于马孔多的描述,用词略有不同。

外祖父在堂安东尼奥·坦斯康蒂（《百年孤独》中皮埃特罗·克雷斯皮的原型）的咖啡馆里遇到的朋友，都跟他一样，是在硝烟弥漫的战火中获得军衔的老自由党人。在咖啡馆的电扇下面，这些上尉、上校或将军怀着眷恋的心情长时间地谈论着那场残酷的战争，似乎舍此之外的一切，包括后来出现的"香蕉热"，跟他们的生活丝毫没有关系。

谨慎稳重的老上校对他的外孙影响极大。他听孩子发表意见并回答他所有的问题；要是什么时候自己回答不了，就对他说："我们看看字典上是怎么说的。"（加夫列尔从此学会了以敬佩之情看待那本沾满尘土、能解一切难题的书。）每当有马戏团在镇上搭起帐篷，老人便拉着他的手，带他去看吉卜赛人、吊杆演员和单峰驼；有时候还让人打开一箱冰冻的鲷鱼，向他展示冰块的奥秘。

加夫列尔还非常喜欢跟外祖父一起去看香蕉公司的地界。公司周围用一圈铁丝网围着。里面的一切似乎都很整洁凉爽，镇上的尘土以及烤人的炎热在这里一点儿不见踪影。里面还有池水澄蓝的游泳池,四周摆着小巧的桌子,支着遮阳的大伞;绿油油的绊根草草地像是从弗吉尼亚州搬过来的;姑娘们在草地上打着网球;这简直是把斯科特·菲茨杰拉德笔下的世界移到了热带腹地。

傍晚时分,那些美国姑娘坐着汽车到阿拉卡塔卡炎热的街道上去兜风。她们仍然穿着过去年代的时装,那是人们在繁荣的二十年代的蒙帕纳斯①或者纽约广场饭店的走廊里会穿的那种服装。汽车的顶篷是活动的。这些姑娘们纤弱又欢快,穿着白色透明的薄纱衣服,坐在两只大狼狗中间,好像不怕炎热炙烤。人们站在门槛旁,透过汽车开过扬起的尘土,用懒洋洋的目光打量着她们。

那一阵尘土、美国姑娘、傍晚时分在大街上兜风的敞篷汽车、战场失意的老军人、总是沉湎于昔日战争的外祖父、为自己织裹尸布的表姑姥姥、爱讲死人故事的外祖母、在房间里叹息的死人、院子里的茉莉花、满载着香蕉的黄色列车、在浓荫匝地

---

① 巴黎南部的一个区,位于塞纳河左岸。

的香蕉园里蜿蜒而行的清澈溪流，以及清晨出现的石鸻鸟……这一切后来都被一阵风卷走，如同《百年孤独》最后几页所描绘的马孔多被一阵飓风卷走一样。

加夫列尔八岁那年，外祖父一命归阴，从而结束了他童年时代的第一阶段，也结束了他在阿拉卡塔卡的生活。他被送到遥远多雾、位于高原地带的首都①。后来，直到从大学法律系辍学，他才回到家乡，而且是匆匆忙忙的，为了面对无可挽回的凄凉现实。

他是跟着母亲来变卖外祖父那栋宅院的。往昔那个人山人海、到处都是彩色阳伞的车站，如今已然衰微破败，没有一个人影。列车把他们母子俩撇在正午耀眼的寂静中，只有蝉忧郁的歌声不时打破这份寂静。火车继续它的旅程，似乎它刚刚经过的是个虚幻的镇子。一切都仿佛废墟，一派被遗弃的景象，一切都被炎热和遗忘吞没了。陈年积土落在老式的木头房子上，落在广场上打蔫的巴旦杏树上。

---

① 哥伦比亚首都波哥大海拔两千六百多米。

加夫列尔和他母亲一面胆战心惊地在破败的街道上走着,一面极力想从那幅潦倒的景象中辨认出对于往昔繁荣昌盛的遥远记忆。他们已经认不出过去的老地方和老房子了,他们不明白,以前那些受人尊敬的家庭、身着精致衣装的妇女以及满脸络腮胡子的严厉将军在这地方是怎么栖身的。

母亲遇见的第一个女友(当时她正坐在一个房间阴暗角落里的一架缝纫机前)第一眼竟没有认出她来。两个妇女彼此打量着,仿佛要透过各自疲惫衰老的外形,努力回忆起昔日少女时代美丽动人的容貌。

女友的声音又是惊喜又是悲伤。

"大姐!"她站起身子,失声叫道。

两人于是紧紧拥抱,放声大哭。

"我的第一部小说,就是从那时,从那次相遇受到启迪而诞生的。"加西亚·马尔克斯说。

不仅是他的第一部小说,恐怕还要包括自此以后他的所有小说。

家人和亲友

加：① 我记得最清楚并且经常回忆的不是我家里的人，而是我和我的外祖父母曾经居住多年的坐落在阿拉卡塔卡的那栋宅院。至今，它仍然一再出现在我的梦境中。不仅如此，每天早晨睁眼醒来，我都有这样的印象（且不论真假）：我梦见自己正待在那栋宅院里。并不是回到了那儿，而是本来就待在那儿，我的年龄没有增长，也不为着什么原因，好像我从来就没有离开过那座古老阔大的宅院似的。然而，即使在梦境里，我所体验到的仍然是我在那时候的主要感觉：对于夜晚的

---

① 全书对谈章节中，凡加西亚·马尔克斯发言，开头标记"加："，凡 P. A. 门多萨发言，开头标记"门："。

忧惧。那真是一种不由自主的感觉,每当夜幕四合,它就产生了,而且等我进入梦乡还使我心神不安;直到第二天,我透过门缝窥见黎明的曙光,这种不安才算罢休。我不能确切地描绘这种感觉,只是觉得我当时那种对于夜晚的忧惧源出有因,那就是,我外祖母白天所讲的幻觉、预兆和招魂等事到晚上都一一应验了。这就是我和我外祖母之间的关系:我们俩通过一条无形的纽带跟超自然的世界交流。白天,外祖母的梦幻世界使我心醉神迷,我感到我就生活在那个世界,它是我的世界。可到了晚上,我又感到恐怖。直到今天,当我独自在世界某地的一个旅馆下榻,我有时还会由于感受到独自待在黑暗之中那种巨大的恐惧而从睡梦中惊醒,常常需要好几分钟才能恢复理智,继续入睡。而我外祖父就完全不一样了,对于我来说,他是我外祖母那个混沌世界中绝对安全的因素。只有跟他在一起,我的忧惧才会消除,我才会感到脚踏实地,在现实生活中扎下了根。现在想想说来也怪,那时候我一方面想像外祖父那样现实、勇敢和坚定，可另一方面，我又抵挡不住外祖母那个世界的持续诱惑，总忍不住要去探个究竟。

门：请你谈谈你的外祖父。他是谁？你和他的关系怎么样？

加：他的全名是尼古拉斯·里卡多·马尔克斯·梅希亚上校。也许，他是我生平理解得最为透彻、交往最为融洽的一个人。但是时隔将近五十年之后，我感到他生前似乎从未意识到这一点。我不知道我为什么这么想，不过这种想法早在我青少年时代就有了，而且一直使我很伤心。我非常失望，仿佛我命中注定非得这么不明不白地过日子不可。其实，我和外祖父的融洽关系原本是应该向他老人家讲清的，可永远也做不到了，因为我八岁的时候他就溘然长逝了。我没有亲眼见到他去世，因为我当时正在远离阿拉卡塔卡的另外一个镇子，再说也没有人直接向我报告噩耗，我是后来在家里听人说起才知道的。我记得当时我并没有什么反应。但是长大成人后，每当我有什么事情，特别是每当遇上什么好事，我总感到唯一的缺憾就是再也不能和外祖父分享了。所以，我成年时代的一切欢乐，过去始终并且以后也永将为这种失望惆怅的心绪所左右。

门：在你的作品里，有没有哪个人物跟你外祖父相似？

加：跟我外祖父相似的唯一一个人物就是《枯枝败叶》中那个没有姓名的上校。说得更加确切一些，他简直是我外祖父外貌和秉性的惟妙惟肖的复制品；虽然我这种说法可能非常主观，因为这些在小说里并没有详加描述，而且读者心目中的上校形象可能跟我心目中的大不相同。我外祖父曾经瞎掉一只眼睛，他失明时的情景，我认为讲出来倒是很有文学味道的：有一天，他从办公室的一扇窗户里看外面一匹漂亮的白马。突然，他感到左眼有点儿异样，便用手揉了揉，不料就此失明了，不过倒是没有什么疼痛的感觉。这件事我记得不太清楚，我是小时候听人说的。我外祖母最后总是这么说："他手上只留下一摊眼泪。"这一生理缺陷后来被我移植到《枯枝败叶》中的人物身上去了：上校被写成了一个瘸子。不记得我在小说里说过没有，不过我一直认为，他那条腿是在打仗时受的伤。那是"千日战争"①，即本世纪初哥伦比亚最后一次国内战争。我外祖父就是在这场战争中获得自由党所授的革命军上校军衔的。对于外祖父，我记得最清楚的是这么一件事：他去世前不久，我不记得是因为什么，大夫给躺在床上的他检查身体，在看到挨近腹股沟的一块伤疤时突然停手了。我外祖父对他说："这是枪伤。"他曾经给我讲过好多次内战，因此我对这段历史特别感兴趣，几乎在我的所有作品里都出现过这段历史，但是他从来没有给我讲过他原来是挨了枪子儿才落下那个伤疤的。他跟大夫这么一说，对我而言，就像是揭开了一件具有传奇英雄色彩的事情。

门：我一直以为奥雷里亚诺·布恩迪亚上校跟你外祖父相似呢……

加：不，奥雷里亚诺·布恩迪亚上校跟我心目中的外祖父形象是完全相反的。我外祖父身材矮

---

①1899年至1902年的哥伦比亚内战，历时约一千天，故名。这次内战以自由党人起义开始，以双方签署停战协议结束。

胖，面色红润，而且非常贪吃。我后来还了解到，他在男女私情方面也是肆无忌惮的。布恩迪亚上校可就不同了，他不仅在外貌上像拉斐尔·乌里韦·乌里韦将军那样瘦削，而且在性格上也像他那样趋于严肃。我当然没有见过乌里韦·乌里韦，但据我外祖母说，在我出生以前，他曾经路过阿拉卡塔卡，还跟好几位曾驰骋战场的老军人一起在我外祖父的办公室里喝过啤酒呢。他在我外祖母眼里的形象，就跟《枯枝败叶》中那位上校的妻子阿黛莱达所描述的一模一样。在小说中，据她自己说，她第一次见到那位法国大夫，就觉得他极像一个军人。① 虽然小说里没有明说，但是我内心深处很清楚，她认为他就是乌里韦·乌里韦将军。

门：你怎么看你和你母亲的关系？

加：从我童年时代起，我和我母亲的关系可以说一直是严肃有余。也许，在我一生中，这是最为严肃的关系了。我认为，我和我母亲可以无话不

---

① 《枯枝败叶》中的情节。

谈，但是谈话的时候，几乎总是亲密不足，严肃有余，而且严肃得有点儿职业客套的味道了。这种情况很难用言辞解释，但事实确实如此。也许是因为我和父母一起生活时（在我外祖父逝世之后）已经懂事了吧。在我母亲看来，我回到家意味着家里有了个能和她商量事情的人，那时她孩子众多，又都比我幼小，她因此把我看作是能帮她处理令人十分头痛的、棘手的家庭问题的人。有一段时间，我们真是穷到极点了。另外，我和母亲总没有机会在一起生活较长时间，因为没过几年，我满十二岁后，就先后去了巴兰基亚①和锡帕基拉②上中学。从那时起直到今天，我们彼此见面的时间一向很短暂，先是在学校放假的时候，后来是我到卡塔赫纳去探望她，而且每年不超过一次，每次也只有十五天。这必然会在我们的交往中造成一定的距离感和拘谨的心理，其最自然的表现就是严肃。而现在，从大约十二年前我有条件这么做的时候起，我无论在世界

---

① 哥伦比亚北部港口城市。
② 哥伦比亚中部城市。

上哪个地方，每个星期天总在固定的时间给我母亲打电话，只有很少几次由于技术上的原因没有打。这倒不是说，我像有些人所说的那样是个孝子，也不是说我比别的兄弟强，而只能说，星期天的电话联系也属于我们之间极其严肃的关系的一部分。

门：她真的能轻而易举地发现你小说中的密码吗？

加：是的。在我所有的读者当中，数她最具备这种直觉能力，并且理所当然地掌握着最为确切的材料来识别我作品中的角色对应的现实生活里的人。要做到这一点并不容易，因为我笔下的几乎所有人物都像拼图似的，由形形色色的人物的不同部件拼搭起来，当然也有我自己的部件。我母亲确实很了不起，她在这方面的才能就跟考古学家凭着挖掘时发现的一根椎骨就能复原史前动物一般准确出众。她一面读我的作品，一面就会非常本能地剔除添加的部件，辨认出我借以塑造人物的那根最原始、最基本的椎骨。有时候，她读着读着就会说："啊呀，我可怜的大兄弟，你怎么在这儿呀？一副娘娘腔！"我于是就对她说不是那么回事，书中那个人物跟她的那位老弟毫无关系。不过我也只是说说而已，因为她知道我明白她了解情况。

门：你塑造的女性人物中，有哪一个跟她相似？

加：在《一桩事先张扬的凶杀案》发表之前，没有一个人物是以我母亲为基础的。《百年孤独》中的乌尔苏拉·伊瓜兰在性格上有她的某些特点，但有更多我在生活中认识的许多其他妇女的特点。事实上，乌尔苏拉是我心目中理想的妇女形象，从塑造妇女的经典范例意义上来说，跟我原先设想的形象是吻合的。但是，令人颇感意外的是，事实正相反：随着我母亲年事渐高，她跟我心目中的乌尔苏拉的总体形象越来越接近，她性格的变化也主要是这个意义上的。因此，她在《一桩事先张扬的凶杀案》中的登场，似乎也可以说是乌尔苏拉这个人物的再现。然而事实并非如此，那是母亲的真实写照，跟我亲眼所见一模一样，所以，她在那本书中用的是自己的名字。她唯一一次对此发表评论是在她看到自己名字的第二部分"圣地亚加"的时候。

"啊,我的上帝,"她嚷嚷起来,"我这一辈子都躲着不用这个难听的名字,可现在倒好,全世界都要知道了,还会译成各种语言哩。"

门:你从来不谈你父亲。你记忆中他是什么样?你今天对他又怎么看?

加:我在满三十三周岁的时候,忽然意识到,我第一次在外祖父母家里见到父亲时他正好是这个岁数。我记得很清楚,因为那天刚巧是他的生日,有人对他说:"你已经满了基督的年龄了。"① 他是一个身材修长、皮肤黝黑、谈吐风趣、态度和蔼的人,穿着一身白色斜纹布衣服,戴着一顶平顶硬草帽;一个地道的三十年代加勒比人。奇怪的是,如今他年逾八十,事事遂意,我却不能像第一次在外祖父母家见到他时那样将他看个分明。不久前,他对他的一个朋友说,我认为自己就像那些雏鸡,据说没有公鸡帮忙也能生出来。他说得很有礼貌,很风趣,但同时又是一种责备,因为我总是谈论自己

---

① 据说耶稣基督在三十三岁时被钉死在十字架上。

和母亲的关系,却很少谈到他。他言之有理,但是,产生这一隔阂的真正原因还是我太不了解他了,无论如何,我了解他比了解母亲要少得多。只是到了今天,我们俩都上了岁数(有好几次我对他这么说),彼此才开始心平气和地通了气。我认为,这需要解释一下。我八岁回到父母身旁同他们一起生活时,心目中只有一个非常牢固的父辈形象:外祖父的形象。而父亲不仅和外祖父大不相同,甚至截然相反。他的性格、权威感、世界观以及他和子女的关系完全是另一种样子。很可能,由于我当时年龄尚小,这一急剧的变化使我感到非常困扰。结果,一直到我十几岁,我们之间的关系还很僵。自然,这总是由于我的过错,因为在他面前,我从来不知道究竟应该怎么表现,也不知道怎么才能使他高兴。而他呢,当时又是那么严肃,使我觉得他是一个不可理解的人。当然,我认为我们后来关系还是蛮不错的,因为我们从来没有在任何时间地点、为了任何事情发生过严重的争执。

恰恰相反,我还认为我的文学天赋许多成分得自父亲。他年轻时代也写过诗,而且并不总是偷偷地写。他小提琴也拉得很好,那时他是阿拉卡塔卡的一名报务员。他一直非常喜爱优秀的文学作品,而且还是非常贪婪的读者。如果有人到家里来找他,不必打听他在哪儿,因为我们大家都知道,他准在他的卧室读书呢。那儿是全是疯子的家里唯一清静的地方;当时,我们家哪儿都是乱哄哄的,谁也不知道就餐的时候桌边会坐几个人,因为儿子、孙子、侄儿、外甥一大堆,多得数不清,再加上我们随时进进出出,没个准数。何况各人还有自己的事情。父亲总是在读书,只要能搞到手,他什么都看:优秀的文学作品、各种报纸、杂志、宣传小册子、冰箱说明书,随便什么东西。我不知道还有什么人比他对书更为入迷的了。此外,他从来滴酒不沾,与烟绝缘。但是他有十六个名字确凿的孩子①;至于不为人知的子女究竟有多少,我们就不知道了。如今,他虽然已届八十高龄,但比我所认识的

---

① 据统计,加西亚·马尔克斯的父亲有婚生子女 11 人,非婚生子女 4 人。

任何老人都要强健结实、精神矍铄。看样子,他似乎并不打算改变他的老习惯,而是完全反着来。

门:作为你的朋友,我们都知道梅塞德斯在你生活中所起的作用。请你给我讲讲你是在哪儿认识她的,是怎么跟她结婚的,尤其希望你谈谈,你们难能可贵、幸福美满的结合是如何取得成功的。

加:我是在苏克雷①认识梅塞德斯的。那是加勒比沿岸一个不靠海的镇子,我们两家在那儿住了好几年,我和她还在那儿度过假。她父亲和我父亲年轻时就是好朋友。有一天,在一次学生舞会上,我直截了当地向她求婚,当时她只有十三岁。现在想来,我当初的这一提议无疑是一种暗示,目的是越过那个时代娶亲必须经历的一切繁文缛节。她想必也是这么理解的,因为我们自此之后还是会偶尔见面,并且总是很放松。我觉得,我们俩心里都清楚,我的这一暗示迟早会变成现实。果然,十来年之后成了现实。不过,我们俩没做过真正的情侣,

---

① 此处指哥伦比亚北部苏克雷省下属的同名小镇。

而是不慌不忙、耐心等待并且深知必然会有这种结果的一对。如今,我们结婚已将近二十五年了,但从来没有为一件事发生过严重的争执。我认为,秘密就在于无论婚前还是婚后,我们对种种事情的看法都是一致的。这就是说,婚姻如同整个人生一样,是一件艰难的事情,每天都要从头开始,而且有生之年必须天天如此。这种努力应该是持续不断的,有时甚至会让人精疲力竭,却是值得的。我的一部小说中有一个人物更加直率地说:"爱也是可以学来的。"①

门:你笔下哪个人物是以她为原型的?

加:我小说里没有一个人物是和梅塞德斯相似的。在《百年孤独》里出现过两次的就是她本人,她保持了自己的名字和药剂师的身份。而在《一桩事先张扬的凶杀案》里的两次亮相,情况也一样。我从来没有滥加利用过她的文学作用,这得归因于一个事实,这么说可能听起来像一句俏皮话,但并

---

① 见《一桩事先张扬的凶杀案》。

非如此：我对梅塞德斯实在太了解，以至于我简直不知道她实际上是什么样了。

门：现在谈谈你的朋友。他们在你的生活中意味着什么？你是否仍保持着你青年时代的全部友谊？

加：有些人就好比水珠一般在半道就洒掉了，但大部分人跟我一起在生活中经受住了狂风暴雨的考验。这并非出于偶然，而是恰巧相反，因为我在生平的每时每刻，无论处于什么情况，都极其小心地呵护这些友谊。我就是这么个脾气，而且我接受采访时三番五次地说过，我从来没有在任何情况下忘记，在灵魂深处，我始终不过是、将来也只是阿拉卡塔卡一个报务员的十六个子女中的一个。最近十五年来，我算是出了点儿名，可我对此并未孜孜以求，也并不欢迎，因为这么一来，要保障我的私人生活就变得极其困难了。不过我还是做到了，我把自己的生活安排得比过去更加私密，更加不受外界干扰，但是足以容纳和保留我在生活中唯一真正感兴趣的东西，即我的儿子们和朋友们对我的感情。我经常环球旅行，但是这种旅行的最大乐趣还是跟我昔日的朋友们相聚，再说他们已经为数不多了。事实上，我在生活中感觉唯一属于自己的时刻就是和他们在一起的时候。特别是聚会的人数不多的时候，最好每次不超过六个人，当然四个人就更为理想了。如果让我来挑选参加聚会的人，我总会挑得最为合适，因为我知道得很清楚，我是根据各方面都比较接近这一原则来邀请朋友的，因此，聚会中就不会出现很僵的气氛。当然，这要耗掉我很多时间，不过我总能挤出时间，因为这样的时光对我很重要。这种做法也导致我在半道失去了少数几个朋友，因为他们不理解我的处境是很难由自己支配的，而且因为意外和差错，我还会不定什么时候就得罪了老朋友。但是，如果有哪位朋友对此不理解，我深感遗憾，我们之间的友谊也就永远终结了。因为一个不理解别人的朋友，实际上并不像你认为的那么好。至于朋友的性别，我并不区别对待；不过我总感到，我跟女性相处比跟男性相处更为融洽。无论如何，我自以为是我的朋友们最好的朋友，我认为，没有一个朋友对我会像我对我最不喜欢的朋友那样喜欢。

门：你跟你的两个儿子①关系相当好，请问，你是用了什么办法？

加：你说得对，我和儿子们的关系非常融洽。因为我对你说过，这也是一种友谊。儿子们出生以后，不管我心情是好是坏，或者神思多么恍惚，身体多么疲乏，我总要抽出时间跟他们聊聊天，或者待上一会儿。从孩子们懂事起，我们家无论什么事情都要经过商量，取得一致意见，然后加以解决。所有的一切都得经过四个脑袋考虑。我并不订立什么规章制度，也不考虑这种办法究竟是好是坏，我这么做只是因为我突然发现我的孩子们渐渐长大了，而我真正的使命是当好一个父亲。我非常乐意这样做，而此生最令我激动的体验便是帮助我的两个儿子长大成人。我认为，我这辈子做得最成功的事情并不是写出了几本书，而是培养出了两个儿

---

① 加西亚·马尔克斯有两个儿子，长子罗德里戈，次子贡萨洛。

子。他们就像我们的两个朋友,当然是我们自己培养的朋友。

门:你跟他们一起商量你自己的问题吗?

加:要是问题很大,我就跟梅塞德斯和儿子们一起商量。要是问题非常大,很可能还要请一个能帮我出点子的朋友来商量。不过要是问题特别大,我就不跟任何人商量了。这一方面是为了稳妥起见,另一方面也是为了不给梅塞德斯和儿子们——说不定还会给某个朋友——增添什么烦恼。所以我就自己把它咽进肚里。当然,结果就是十二指肠溃疡,它就像敲响的警钟,迫使我学会生活。它也仿佛一个秘密情人,要跟她约会很困难,有时还很痛苦,却难以忘怀。

谈写作

加：我是偶然开始写作的，也许只是为了向一位朋友表明，我这一代人是能够出作家的。从此我就掉进了陷阱，爱上了写作，而且欲罢不能。后来，我又掉进了另一个陷阱，认为除了写作，世界上没有任何事情能教我更加喜爱。

门：你说过写作是一大乐事，也说过写作是一件苦差。究竟应该怎么看？

加：两种说法都对。最开始的时候，我刚刚着手探索写作的奥秘，心情欣喜愉快，几乎没有想到自己要负什么责任。我记得那时候，每天凌晨两三点钟，我干完报社的工作，还能写上四五页甚至十页书稿。我曾经一口气写完一个短篇小说。

门：现在呢？

加：现在一天能写完一个大段落就算万幸了。随着时间的推移，写作已经变成一件苦差。

门：为什么呢？有人会说，你已经娴熟地掌握了驾驭文字的技巧，写起来应该得心应手了。

加：原因很简单，就是责任心越来越强了。现在我觉得，每写一个字母都会引起更大的反响，会对更多的人产生影响。

门：这也许是你成名的后果吧。声誉这么能左右你的心绪吗？

加：确实让我感到困扰。在我们这样一块出人意料地涌现了一批有成就的作家的大陆上，对于一个没有才华获取文学成就的人来说，最糟糕的事就是他的书像香肠一样出售。我非常讨厌自己变成众目睽睽的对象，讨厌电视、大会、报告会、座谈会……

门：那么，采访呢？

加：也讨厌。我不想跟任何人争名夺利。这和登山运动员一样，冒着生命危险攀登高峰，但是一旦登顶,下一步要做什么呢?要下去,或者争取明智地、尽量体面地下去。

门:你年轻的时候,从事过别的职业,所以常常在晚上写作,烟抽得很厉害。

加:一天抽四十支。

门:现在呢?

加:现在不抽了,我只在白天工作。

门:是不是上午?

加:从上午九点到下午三点。房间要安静无声,暖气充足。要是又吵又冷,我思路就乱了。

门:你是否像别的作家一样,面对空白的稿纸会感到焦虑?

加:是的。除了医学上所说的幽闭恐惧之外,最使我感到焦虑的就是这件事了。但是,我听了海明威的忠告之后,这种焦虑就一扫而光了。他说,只有知道第二天如何继续时,才能休息。

门:对你来说,具备什么条件才能动手写一本书?

加:一个视觉形象。我认为,别的作家有了一个想法、一种观念,就能写出一本书来。我总是得先有一个形象。我认为《礼拜二午睡时刻》①是我最好的短篇小说,我在一个荒凉的镇子上看到一个身穿丧服、手举黑伞的女人领着一个也穿着丧服的小姑娘走在火辣辣的骄阳下,之后写了它。《枯枝败叶》是一个老头儿带着孙子去参加葬礼。《没有人给他写信的上校》是基于一个人在巴兰基亚闹市码头等候渡船的形象展开的,那人沉默不语,忧心忡忡。几年之后,我在巴黎等一封来信,也许是一张汇票,也是那么焦虑不安,跟我记忆中的那个人一模一样。

门:那么,《百年孤独》又是基于怎样的视觉形象展开的呢?

加:一个老头儿带着一个小男孩去见识冰块。那时候,马戏团把冰块当作稀罕宝贝来展览。

门:老人是你的外祖父马尔克斯上校吧?

加:是的。

---

① 1962年首次发表,中译本收录于同名短篇小说集中。

门：那就是说，你是从现实中撷取素材的了。

加：不是直接从现实中取材，而是从中受到启迪，获得灵感。我记得，我们住在阿拉卡塔卡的时候，我年纪还小，有一次我外祖父带我去马戏团看单峰驼。另一天，我对他说，我还没见过冰块呢，他就带我去香蕉公司的营地，让人打开一箱冰冻鲷鱼，把我的手按在冰块里。《百年孤独》就是根据这个形象开的头。

门：在这部小说的第一句话里，你把这两件事合并在一起了。确切地讲，你是怎么写的？

加："多年以后，面对行刑队，奥雷里亚诺·布恩迪亚上校将会回想起父亲带他去见识冰块的那个遥远的下午。"

门：一般来说，你非常重视一本书的第一句话。你对我说过，第一句话常常比全书其余部分都要难写，费时间。这是什么原因？

加：因为第一句话很可能是成书各种因素的实验场所，它决定着全书的风格、结构，甚至篇幅。

门：写一部长篇小说，你要用很长时间吧？

加：光是写，倒不用很长时间，那很快。《百年孤独》我不到两年就写完了。不过，在我坐到打字机旁动手之前，我花了十五六年来构思这部小说。

门：《族长的秋天》你也用了这么长的时间才酝酿成熟。那么，你是酝酿了几年才动手写《一桩事先张扬的凶杀案》的呢？

加：三十年。

门：为什么用了那么长时间？

加：小说中描写的事情发生在一九五一年，当时我觉得，它并不适合作为长篇小说的素材，只能用来写篇新闻报道。但那时候，在哥伦比亚，新闻报道这种体裁还不太流行，而我又是一个地方报纸的记者，报社对这类事情可能不感兴趣。几年之后，我开始从文学的角度来思考这件事。但是，只要一想到我母亲看到这么多好朋友，甚至几位亲戚都被卷进自己儿子写的一本书里会不高兴，我就又犹豫起来。不过，说实话，这一题材只是在我思索多年并发现了问题的关键之后才吸引住我的。

问题的关键是,那两个凶手本来没有杀人的念头,他们千方百计地想让人出面阻止自己行凶,结果事与愿违。这么做是万不得已,这就是这出悲剧唯一的、真正的新奇之处,除此之外,这类悲剧在拉丁美洲相当普遍。后来,由于结构方面的原因,我又迟迟没有动笔。事实上,小说描写的故事在案件发生之后大约二十五年才算了结。那时候,丈夫带着曾被遗弃的妻子回到镇上。不过,我一直认为小说的结尾必须要有行凶过程的细节描写。解决的办法是让讲故事的人自己出场(我生平第一次出场了),在小说的时间结构中自如驰骋。可以说,事隔三十年之后,我才领悟到我们小说家常常忽略的事情,即真实永远是文学的最佳模式。

门:海明威说过,对一个题材既不能仓促动笔,也不能搁置过久。一个故事装在脑袋里那么多年也不动笔写出来,你不着急吗?

加:说实话,如果一个想法经不起多年的冷遇,我是绝不会有兴趣的。而如果这个想法确实经得起考验，就像我写《百年孤独》想了十五年，写《族长的秋天》想了十七年，写《一桩事先张扬的凶杀案》想了三十年一样，那么，到时候就会瓜熟蒂落，我就写出来了。

门：你记笔记吗？

加：从来不记，除了一些工作记录。据多年的经验，我认为，要是记笔记，就会老想着记笔记，顾不上构思作品了。

门：你修改得多吗？

加：在这方面，我的工作有了很大的变化。我年轻的时候，往往一口气写完，然后打几份出来，进行修改。现在我边写边改，一行行地改，这样写一天，我的稿纸干干净净，没有涂改勾画，差不多可以送交出版社了。

门：你撕了很多稿纸吗？

加：不计其数。我先把一张稿纸装进打字机……

门：你总是打字吗？

加：是的，我用电动打字机。如果出了错，或者对打出来的内容不太满意，或者只是打错了字，不管是由于我自己的坏习惯、癖好，还是由于过分审慎小心，我会把稿纸撤下来，换上一张新的。写一篇十二页的短篇小说，我有时要用五百张稿纸。也就是说，我有个怪癖：我认为打字错误等于创作上的失误。这个毛病我改不了。

门：许多作家不适应电动打字机，你没有这种情况吧？

加：我没有。我和电动打字机结下了不解之缘。不使用这种打字机，我简直无法写作。我认为，一般来说，各种条件舒适，能够写得更好。有一种浪漫主义的神话，说是作家要想进行创作，必须忍饥挨饿，必须认倒霉，这我根本不相信。饭吃得好，使用电动打字机，才能更好地写作。

门：你在接受采访时很少谈到你正在写的作品，这是为什么？

加：因为我正在写的作品是我私生活的一部分。老实说，我感觉那些在接受采访时大谈其未来作品情节的作家有点儿可怜，因为这表明，他们的工作进展得并不顺利，他们想把在小说创作中解决不了的问题拿到报刊上解决,以求自我安慰。

门:可是你常常跟你的知己好友谈论你正在写的作品。

加:这倒不假。我是要他们干一件苦差事。我只要写东西,就常常跟朋友们谈论。用这种办法,我就能发现哪儿写得成功,哪儿写得还有缺陷,这是在黑暗中认清前进方向的一个诀窍。

门:你把正在写的东西讲给别人听,可是几乎从来不让别人看。

加:从来不让别人看。这几乎已经变成了一种迷信。实际上,我认为,在文学创作的征途中,作家永远是在孤军奋战,就像海难幸存者在惊涛骇浪里挣扎。是啊,这是世界上最孤独的职业。谁也无法帮助一个人写他正在写的东西。

门:你认为,最理想的写作环境是在什么地方?

加:我已经说过好几次了:上午在一个荒岛,晚上在一座大城市。上午,我需要安静;晚上,我得喝点儿酒,跟至亲好友聊天。我总感到,必须跟街头巷尾的人们保持联系,及时了解当前情况。我这里所说的和威廉·福克纳的意思是一致的。他说,作家最完美的家是妓院,上午寂静无声,入夜欢声笑语。

门:我们着重来谈谈写作技巧吧。在你漫长的学习写作的生涯中,哪些人影响过你,你能对我说说吗?

加:首先是我的外祖母。她不动声色地给我讲过许多令人毛骨悚然的故事,仿佛她刚刚亲眼看到似的。我发现,她讲得沉着冷静,绘声绘色,使疯狂的故事听起来真实可信。我正是采用了我外祖母的这种方法创作《百年孤独》的。

门:那么是她使你发现自己会成为一个作家的吗?

加:不是她,是卡夫卡。他讲故事采用的也是我外祖母的那种方法,只不过他是用的德语。我十七岁那年读到了《变形记》,当时我认为自己准能成为一个作家。我看到主人公格里高尔·萨姆沙一天早晨醒来居然变成了一只巨大的甲虫,于是我就想:"原来能这么写呀。要是能这么写,我倒也有兴致了。"

门:为什么这一点会引起你那么大的注意?这是不是说,写作从此可以凭空编造了?

加:因为我恍然大悟,原来在文学领域里,除了我当时背得滚瓜烂熟的中学教科书上那些理性主义的、学究气的教条之外,还另有一番天地。这等于一下子卸掉了贞操带。不过,随着年逝月移,我发现一个人不能任意臆造或凭空想象,因为这很危险,会谎言连篇,而文学作品中的谎言要比现实生活中的谎言更加后患无穷。事物无论看起来多么随意,总有一定之规。只要不陷入混乱,不彻头彻尾地陷入非理性之中,就可以扔掉理性主义这块遮羞布。

门:不陷入虚幻?

加:对,不陷入虚幻。

门:你讨厌虚幻,为什么?

加:因为我认为想象只是粉饰现实的一种工具。但是,归根结底,创作的源泉永远是现实。而虚幻，或者说单纯的臆造，就像沃尔特·迪士尼①的东西一样，不以现实为依据，最令人厌恶。记得有一次，我兴致勃勃地写了一本童话，取名《逝去时光的海洋》，我把清样寄给了你。你像往常一样坦率，对我说你不喜欢这本书。你认为，这是由于你自身的局限：虚幻的东西让你觉得不知所云。你的话使我幡然醒悟，因为孩子们也不喜欢虚幻，他们喜欢想象的东西。虚幻和想象之间的区别，就跟口技演员手里操纵的木偶和真人的区别一样。

门：从文学创作和写作技巧的角度来说，除了卡夫卡之外，还有哪些作家对你产生过影响？

加：海明威。

门：你并不认为他是一个伟大的长篇小说家。

加：他不是一个伟大的长篇小说家，但是个杰出的短篇小说家。他有句名言。他说，短篇小说仿佛一座冰山，应该以肉眼看不见的那个部分作为基础。也就是说，应该以研究、思索、搜集来却没有

---

① 沃尔特·迪士尼（1901—1966），美国著名动画片导演、制片人、形象设计者，迪士尼公司创始人。

直接用在故事中的材料作为基础。是的,海明威让人获益匪浅,他甚至会告诉你如何描写一只猫拐过一个街角。

门:格林①也教给你不少东西,我们有一次谈到了这一点。

加:是的,格雷厄姆·格林确实教会了我如何探索热带的奥秘。一个人很难抓住最本质的东西对其十分熟悉的环境做出艺术的概括,因为他知道的东西是那样多,以至于无从下手,要说的话是那样多,以至于最后竟说不出一句来。这正是我面对热带时的问题。我曾兴致勃勃地读过富有观察力的哥伦布、皮加费塔②和西印度群岛编年史家的作品,我还读过戴着现代主义有色眼镜的萨尔戈里③、康拉德和本世纪初拉丁美洲的热带风俗作家以及其他许多人的作品。我发现,他们的观察和现实有非常

---

① 格雷厄姆·格林(1904—1991),英国作家、文学评论家。
② 安东尼奥·皮加费塔(约1491—约1534),意大利学者、航海家,麦哲伦环球航行幸存下来的18人之一。
③ 埃米利奥·萨尔戈里(1862—1911),意大利作家,著有冒险小说多种。

大的差距。有些人只是罗列现象，而罗列的现象越多，眼光就越短浅；而另外一些人，据我们所知，则一味地雕词琢句，咬文嚼字。格雷厄姆·格林非常正确地解决了这个文学问题：他精选了一些互不相干但是在主观意识中有着非常微妙而真实的联系的材料。用这种办法，从热带的奥秘中可以提炼出熟透的番石榴的芳香。

门：你还从什么人那儿受到了教益，你记得吗?

加：大约二十五年前，我在加拉加斯聆听过胡安·博什①的教诲。他说，干作家这一行的，应该在青年时代就把技巧、构思才能乃至细腻隐蔽的叙述手法全部融会贯通。我们作家就跟鹦鹉一样，上了岁数，就学不会说话了。

门：从事新闻工作，终究对你的文学创作总有些帮助吧?

加：是的，但并不像人们所说的那样，使我掌握了有效的语言作为工具。新闻工作教会我如何

---

① 胡安·博什（1909—2001），多米尼加作家、政治家。

把故事写得有血有肉。让美人儿蕾梅黛丝裹着床单（白色的床单）飞上天空，或者给尼卡诺尔·雷伊纳神父喝一杯巧克力（是巧克力，而不是别的饮料）就能使他离开地面十厘米[①]，这些都是新闻记者的描写手法或报道方式，是很有用的。

门：你一向很喜欢电影。作家也能从电影里学到有用的东西吗？

加：我不知道怎样回答这个问题。对我本人而言，电影既有长处，同时也有不足之处。不错，它让我看到了形形色色的形象，但是我现在认识到，在《百年孤独》之前的所有作品里，我都过分热衷于人物和场景的形象化，甚至执迷于表明取景的视点及角度。

门：你现在一定想到了《没有人给他写信的上校》这部小说。

加：是的，这部小说的风格和电影脚本极为相似。仿佛有一台摄影机在跟拍人物的活动。当我重

[①]《百年孤独》中的人物和情节。

读这部小说的时候,我仿佛看到摄影机在工作。今天,我认识到,文学手段和电影手段是不尽相同的。

门:你的作品为什么不太重视对话?

加:因为西班牙语的对话总显得虚伪做作。我一直认为,西班牙语的口头对话和书面对话有很大的区别。在现实生活中,西班牙语对话是优美生动的,但写进小说就不一定了。所以,我很少写对话。

门:你在着手创作一部长篇小说之前,是否就已经对作品中每个人物将要展开的种种活动心中有数?

加:只是有个大概的想法。在小说写作过程中,会发生难以逆料的事情。我对奥雷里亚诺·布恩迪亚上校的最初设想是,他是我国内战时期的一名老将,是在一棵大树底下小便时一命归天的。

门:梅塞德斯告诉我,写到他死的时候,你心里很难受。

加:是的,我知道我迟早要把他结果的,但我迟迟不敢下手。上校已经上了岁数,整天做着他的小金鱼。一天下午,我终于拿定了主意:"现在他该死了!"我不得不让他一命归天。我写完那一章,浑身哆嗦着走上三楼,梅塞德斯正在那儿。她一看我的脸色就知道发生了什么事。"上校死了。"她说。我一头倒在床上,整整哭了两个钟头。

门:你认为什么是灵感?这种东西存在吗?

加:"灵感"这个词已经给浪漫主义作家搞得声名狼藉。我认为,灵感既不是一种才能的境界,也不是一种天赋,而是作家坚韧不拔的精神和精湛的技巧同他们所要表达的主题达成的一种和解。当一个人想写点儿东西的时候,这个人和他要表达的主题之间就会产生一种互相制约的紧张关系,因为写作的人要设法探究主题,主题则力图设置种种障碍。有时候,所有障碍会一扫而光,所有矛盾会迎刃而解,会发生一些过去做梦也想不到的事。这时候,你会感到,写作是人生最美好的事情。这就是我所认为的灵感。

门:你在写一本书的过程中,是不是有时候也会丧失这种才能的境界?

加：是的，那时我就得从头至尾重新构思。我用螺丝刀修理家里的门锁和插座，给门刷上绿漆。我认为，体力劳动常常能帮助我战胜对现实的恐惧。

门：什么地方会出问题？

加：常常是在结构上。

门：问题有时是否会很严重？

加：严重到我不得不整个儿重写一遍。一九六二年我在墨西哥写《族长的秋天》，写到近三百页稿纸时停了笔，底稿里只有主人公的名字保留了下来。一九六八年我在巴塞罗那重新开始写，辛辛苦苦干了六个月，又停了笔，因为主人公——一个年迈昏聩的独裁者——品格方面的某些特征写得不太清楚。大约两年之后，我买到一本描写非洲狩猎生活的书，因为我对海明威为此书写的前言很感兴趣。这篇前言后来没派上用场，但是等读到描写大象的那一章，我发现了写好我这部长篇小说的办法。原来，我可以根据大象的某些习性来描绘我小说中的那个独裁者的品格。

门：除了作品的结构和中心人物的心理，你还碰到过其他问题吗?

加:碰到过,有一次我简直无从下笔,我怎么也写不好某个城市炎热的气候。这事很棘手,因为那是加勒比地区的一座城市,那儿的天气应该热得可怕。

门:那你后来是怎么解决的呢?

加:我想出一个主意:举家前往加勒比。我在那儿逛荡了几乎有一年,什么事也没干。等回到我写《族长的秋天》的巴塞罗那,我栽了几株植物,让它们飘逸出阵阵芳香,最终我让读者体验到了这座城市的酷热天气。这本书后来没费多大周折就顺利写完了。

门:当你快写完一本书的时候,会出现什么情况?

加:我对它再也不感兴趣了。正如海明威所说,它已是一头死去的狮子了。

门:你说过,优秀的小说是现实的诗意再现。你能不能解释一下这个观点?

加:可以。我认为,小说是用密码写就的现

实，是对世界的一种揣度。小说中的现实不同于生活中的现实，尽管前者以后者为依据。这跟梦境一个样。

门：在你的作品中，特别是在《百年孤独》和《族长的秋天》中，你描绘现实的方式已经有了一个名称，即魔幻现实主义。我觉得，你的欧洲读者往往对你所讲述的事物的魔幻色彩更为关注，但对产生这些事物的现实视而不见……

加：那一定是他们的理性主义妨碍他们看到，现实并不是西红柿或鸡蛋多少钱一斤。拉丁美洲的日常生活告诉我们，现实中充满了奇特非凡的事物。对此，我总是愿意举美国探险家 F. W. 厄普·德·格拉夫的例子。上世纪初，他在亚马孙河流域作了一次令人难以置信的旅行。这次旅行使他大饱眼福。他见过一条沸水滚滚的河流，还经过一个地方，在那里，人一说话就会降下一场倾盆大雨。在阿根廷南端的里瓦达维亚海军准将城，极风[①]把一

[①] 指从南极或北极吹向低纬度地区的冷风。

个马戏团整个儿刮上天空，第二天渔民们用网打捞上来许多死狮子和死长颈鹿。在短篇小说《格兰德大妈的葬礼》中，我描写了教皇前往哥伦比亚某个村庄的一次难以想象的、不可能成为现实的旅行。我记得我把迎接教皇来访的总统写成一个秃了顶的矮胖子，以别于当时执政的高个瘦削的总统。小说问世十一年后，教皇真的到哥伦比亚来访问，迎接他的总统跟我小说里描写的一模一样：秃顶、矮胖。我写完《百年孤独》之后，巴兰基亚有个青年说他确实长了一条猪尾巴。只要打开报纸，就会发现我们周围每天都会发生奇特的事情，我认识一些普普通通的人，他们兴致勃勃、仔细认真地读了《百年孤独》，但是阅读之余并不大惊小怪，因为说实在的，我没有讲述任何一件跟他们的现实生活大相径庭的事情。

门：那么，你在作品里所说的一切都具有现实的基础啰？

加：在我的小说里，没有一行字不是建立在现实的基础上的。

门：你敢肯定吗？在《百年孤独》里，就有许多相当奇特的事情。美人儿蕾梅黛丝飞上天空，黄蝴蝶缠着马乌里肖·巴比伦……

加：这也都有现实根据。

门：比方说……

加：比方说马乌里肖·巴比伦。我大约五岁的时候住在阿拉卡塔卡。有一天，家里来了一个电工换电表。这件事历历如在目前，仿佛昨天刚发生似的。他用一条皮带把自己绑在电线杆子上，免得掉下来。这条皮带当时真把我看呆了。后来他又来过好几次。有一次他来的时候，我看见我外祖母一面用一块破布赶一只蝴蝶，一面叨唠："这个人一到我们家来，这只黄蝴蝶就跟着来了。"那个电工就是马乌里肖·巴比伦的原型。

门：美人儿蕾梅黛丝呢？你怎么会想到把她送上天空呢？

加：我本来打算让她在家中的走廊上跟丽贝卡和阿玛兰妲一起绣花时销声匿迹。但这是电影镜头般的安排，我觉得很难让人接受。蕾梅黛丝说什么也不肯离开那里。于是我就想出一个主意：让她的肉体和精神都升上天空。这样写有事实根据吗？有一位老太太，一天早晨发现她孙女逃跑了。为掩盖事情真相，她逢人便说她孙女飞到天上去了。

门：你在一个地方曾经说过，让美人儿蕾梅黛丝飞上天空可不容易。

加：是啊，她怎么也上不了天。我当时实在想不出办法打发她飞上天空，心中很着急。有一天，我一面苦苦思索，一面走进我们家的院子里。当时风很大。一个来我们家洗衣服的高大漂亮的黑女人在绳子上晾床单，怎么也晾不成，床单让风给刮跑了。当时，我茅塞顿开。"有了。"我想。美人儿蕾梅黛丝有了床单就可以飞上天空了。在这种情况下，床单便是现实提供的一个因素。当我回到打字机前的时候，美人儿蕾梅黛丝就一个劲儿地飞呀，飞呀，轻而易举地飞了起来，连上帝也拦不住了。

修养

在马格达莱纳河①中央的沙洲上,突然出现了一条热得昏昏沉沉的鳄鱼。每到黎明或黄昏彩霞满天的时分,长尾猴和鹦鹉便在遥远的河岸上不住地啼鸣。跟马克·吐温时代穿梭于密西西比河上的汽船一样,老式的轮船也需八天时间才能沿这条河慢慢地溯流而上,到达内地。加夫列尔十三岁的时候第一次登上这种轮船,开始了他的流浪生涯,这段日子将对他的一生起决定性的作用。

下了轮船,搭乘一趟吃力地向云遮雾障的高山攀登的火车,经过长途跋涉,他终于在一月的一

---

① 哥伦比亚境内最主要的河流,由南至北贯穿哥伦比亚西部。

个下午到了波哥大火车站。如今回想起来,那真是他生平最凄凉的一个下午。当时,他穿着一身用父亲的旧衣服改的黑色西装,里面套着一件背心,戴着一顶礼帽,提着"一只颇有圣墓风采的箱子"①。

他觉得波哥大是"一座偏远、阴郁的城市,从十六世纪初就一直淫雨连绵。这座阴暗的城市首先引起我注意的是街上行色匆匆的众多男子,他们跟我一样,都穿着一身黑衣服,戴着礼帽,可是,满街竟见不到一个妇女。引起我注意的还有冒雨拉着啤酒车的高大的佩尔切隆良马②、有轨电车在雨中拐过街角时迸发出的火星,以及为了给络绎不绝的送葬的人群让道而造成的交通堵塞的景象。那真是普天之下最为悲壮的葬礼:黑色的高头大马披着天鹅绒,戴着饰有黑色绒羽的带檐头盔,拉着大祭坛一样的四轮马车还有那些大户人家的尸体,这些人家自以为死亡乃其独创"。

仅仅习惯于和缓的四季变化(即根据时间而

---

① 出自《活着为了讲述》,门多萨转述略有改动。后文涉及多处。
② 法国的一种良种挽马。

非空间组合的变化）的欧洲人很难想象，在同一个国家，加勒比地区与安第斯山地区居然会有巨大的差别。当然，差别首先是地理上的。加勒比地区是一个阳光和炎热的世界，只能用浓烈的蓝色和绿色来加以描绘；而安第斯山地区却是一个云雾缭绕、细雨霏霏、冷风习习的世界，只能用一种细腻的灰色和沉郁的绿色来铺展。

差别还在于人种上。沿海居民是安达卢西亚[①]人、黑人以及勇猛的加勒比印第安人的后裔，他们生性直率开朗，与矫揉造作格格不入，丝毫不把等级和礼仪放在眼里。他们喜欢舞蹈，他们的音乐总是十分欢快，有着非洲的节奏和打击乐器的声响。但山区的哥伦比亚人就大不相同了，他们保持着卡斯蒂利亚人[②]刻板、讲究形式的特点，有着奇勃恰印第安人[③]沉默寡言和多疑的性格；他们的保守和

---

① 西班牙南部地区。相传加勒比地区的西班牙征服军大部分是安达卢西亚人。
② 西班牙主体民族，通常所谓西班牙语即卡斯蒂利亚语。
③ 南美洲印第安人的一支，十六世纪西班牙人入侵时期占领了哥伦比亚城市波哥大和通哈周围的山区。

注重礼节是不动声色的,就连幽默都不易觉察。他们举止彬彬有礼,往往掩盖了骨子里好斗的性格,只要几杯酒下肚,这种秉性就常常会不合时宜地暴露出来(国内的政治暴力行动从来不曾起自沿海地区,而是起自高原地区)。和围绕着安第斯山居民的景色一样,他们的音乐也是凄凄切切的:诉说着遗弃、离别,以及逝去的爱情。

对于这位来自沿海地区的十三岁少年来说,最使他感到惊讶和难受的莫过于他蓦地意识到自己将不得不在这个陌生的世界生活了。他又惊又怕地看着首都如此凄凉的景象。夜幕渐渐四合,召唤人们去做晚祷的钟声响了起来。他透过出租汽车的小窗直勾勾地看着雨中灰暗的街道。想到要在这种殡葬般的氛围中生活好几个年头,他心里真是说不出的沉重。想到这里,他不禁放声大哭,使得来车站接他的学监大感不解。

他受奖学金资助就读的那所学校简直是"一座修道院,没有暖气,也没有鲜花",坐落在"奥雷里亚诺第二去寻找费尔南达·德尔·卡皮奥的那个离海岸一千公里的遥远而又凄凉的镇子"①。对于出生在加勒比地区的加夫列尔来说,"那所学校是一种惩罚,而那座冰冷的城市简直是一种不公"。

他唯一的慰藉是读书。加夫列尔一文不名,举目无亲,而且又是被一大群"穿着讲究的公子哥儿"②包围的沿海居民,他只有在书本里才能找到摆脱这种阴暗的现实的唯一途径。在学校宽敞的宿舍里,他高声朗读这些作品:《魔山》《三个火枪手》《巴黎圣母院》和《基督山伯爵》。星期天,加夫列尔实在忍受不了这座安第斯山城的寒冷和凄凉,便躲在学校图书馆读儒勒·凡尔纳和萨尔戈里的小说,读西班牙或哥伦比亚诗人的作品。他们的诗篇曾经在教科书上出现,都是些蹩脚的、咬文嚼字的诗人。幸好在那个时代出现了一个文学现象:一群哥伦比亚青年诗人在鲁文·达里奥③和胡安·拉蒙·希

---

① 《百年孤独》中的情节。
② 原文为cachaco,特指二十世纪上半叶波哥大穿着优雅、讲方言的年轻人。词源上来自一种衣服类型,类似于盛典上穿的燕尾服。
③ 鲁文·达里奥(1867—1916),尼加拉瓜诗人。

梅内斯①的影响下,在巴勃罗·聂鲁达更为直接和明显的影响下,建立了一个名为"石头与天空"②的文学小组。这群在文学上具有叛逆精神的青年摒弃了浪漫主义诗人、高蹈派诗人以及新古典主义诗人。他们认为可以用比喻来表达他们敏锐大胆的见解。"他们是那个时代的造反派,"今天,加西亚·马尔克斯如是说,"如果没有'石头与天空',我真不敢说我会成为作家。"

中学毕业后,他考入波哥大的哥伦比亚国立大学攻读法律。诗歌仍然是他生活中最感兴趣的东西。他不爱读法典,爱读诗歌。诗,诗,诗,如他今日所言。"我最为倾心的消遣(在那个时候)是在星期天登上装有蓝色玻璃窗的有轨电车,只要花五分钱,就可以从玻利瓦尔广场到智利大街不停地兜风。我在有轨电车里度过了那些令人忧伤的下午,那些下午似乎拖着一条由其他无所事事的星期

---

① 胡安·拉蒙·希梅内斯(1881—1958),西班牙诗人,1956年获诺贝尔文学奖。
② 借用了希梅内斯1919年发表的诗集的名字。

天连缀而成的没有尽头的尾巴。而我在这种放任兜风的旅途中所做的唯一的事情就是读诗,读诗,读诗!在城里坐一个街段①的有轨电车,我可能就能读一个街段的诗,直到夜雨霏霏、华灯初上的时刻。然后,我跑遍老城里寂静无声的咖啡馆,去寻找一位好心人陪我一起谈论谈论我刚刚读完的那些诗,那些诗,那些诗。"

他对于小说的兴趣是从读了卡夫卡的《变形记》的那天晚上开始的。至今,他还记得,他是怎么拿着同学刚刚借给他的那本书,回到坐落在市中心他下榻的穷酸的学生宿舍的。他脱去上衣,脱下皮鞋,钻进被窝,打开书读了起来:"一天早晨,格里高尔·萨姆沙从不安的睡梦中醒来,发现自己躺在床上变成了一只巨大的甲虫。"加夫列尔哆哆嗦嗦地合上了书本。"他妈的,"他想,"原来可以这么干哪。"第二天,他便写出了他的第一篇短篇小说,而把自己的学业忘得一干二净。

---

① 拉丁美洲西班牙语国家街距单位,通常约合 100 至 150 米。

当然，他父亲并不理解他这一英雄般的决心。这位昔日的电报报务员满心希望他的儿子能够获得自己没有获得的东西：一个大学的学位。所以，当得知加夫列尔荒废学业时，他忧心忡忡，认为儿子是不可救药了。加夫列尔的朋友们出于善意和好心，也这么看待他。他不修边幅，总是夹着一本书出入咖啡馆。他可以在任何场所栖身过夜，所以给人的印象是一个浪荡的家伙。不过，这会儿他不再诗啊诗啊地一个劲儿地读诗了，而是小说、小说，着迷似的读小说，先是读陀思妥耶夫斯基，后来是托尔斯泰、狄更斯，再后来是上世纪的法国作家福楼拜、司汤达、巴尔扎克、左拉。

他在二十岁时回到沿海地区。在卡塔赫纳这座由高大的城墙团团围住、有着殖民时期遗留下来的阳台和狭窄的街道的古老城市，他又找到了加勒比地区的光与热，并且，还在一家叫作《宇宙报》的报社积满尘土的编辑部里找到一份撰写短评的差使。他有的是时间写小说，有的是时间跟他的朋友们在这个港口喧闹的酒铺里喝朗姆酒，一直到东方泛白,满载着妓女的纵帆走私船起锚驶向阿鲁巴岛①和库拉索岛②。

说来也奇怪,在这座酷爱跳舞、崇尚美女、盛行棒球的无忧无虑、色彩明快的城市里,居然有人突然对希腊人,特别是对索福克勒斯一见钟情③,那是由于他的一位对希腊作家了如指掌的酒友的推荐,此公如今是一名生意兴旺的海关律师。那时,他还向加夫列尔介绍了克尔凯郭尔④和克洛岱尔⑤。

继希腊人之后,他在文学修养上有了一个重大的发现:本世纪的盎格鲁-撒克逊作家,特别是乔伊斯、弗吉尼亚·伍尔夫和威廉·福克纳。他是通过巴兰基亚一个对文学如醉似狂的、放荡不羁的青年文学小组发现这些作家的,那时,他离开了卡塔赫纳,到哥伦比亚另一个加勒比沿海城市来居住。

巴兰基亚是一座巨大的工业城市,是在马格达莱纳河入海口的尘土与炎热之中漫无计划地矗立起

---

① ② 均为西印度群岛中小安的列斯群岛的岛屿。
③ 原文为法语。
④ 索伦·克尔凯郭尔(1813—1855),丹麦哲学家。
⑤ 保罗·克洛岱尔(1868—1955),法国诗人、戏剧家。

来的。它没有卡塔赫纳那么妩媚,没有蔚蓝如镜的海湾,没有城墙,没有街灯,没有古雅的阳台,也没有在殖民时期昏暗的房子里游荡的侯爵夫人、海盗以及宗教法庭法官们的鬼魂。它是一座建立在冲积平原上的城市,坦率而热情,接纳了来自世界各地的各色人等:从卡宴①出逃后又沿着巴比龙②的路线继续亡命的法国人、第一次世界大战期间被击败的德国飞行员、躲避纳粹分子迫害的犹太人、来自意大利南方的移民,还有叙利亚人、黎巴嫩人和约旦人。谁也不清楚这些人是怎么来的,但是一代、两代、三代之后,他们如今成了本城一些颇为体面的家族的创始人。除了在一年一度的狂欢节上推出一辆辆满载着鲜花和姑娘的四轮马车上街兜风以及穿着色彩绚丽的华贵服装参加喧闹的化装游行,这座城市的居民似乎没有其他光彩记录,通常只是在

---

① 法属圭亚那首府。
② 法国人亨利·沙里埃(1906—1973)曾因被控谋杀在法属圭亚那坐牢,后逃亡至委内瑞拉,1969年出版描写他狱中及逃亡经历的自传性质的小说《巴比龙》。"巴比龙"是他的绰号,意为蝴蝶。

工业和商业上耗费精力和时光。在这个只有商务活动和极其简单的娱乐的世界，文学和艺术类的行当注定处于一种幻觉性的边缘。作家和画家在这座城市比在其他任何城市更容易成为某种同社会组织格格不入的事物。然而，让人不可思议的是，就在这样一个令人失望、处于边缘的环境里，艺术家们在巴兰基亚比在波哥大更有活力地涌现了出来，要知道后者可是一座自殖民时代就在文化上颇为自负的城市。

加夫列尔于一九五〇年左右在巴兰基亚结交的这个由倾心文学的放荡不羁的青年组成的文学团体，如今成了欧美各大学拉丁美洲文学专家潜心研究的对象。他们认为，加西亚·马尔克斯来自这个名为"巴兰基亚小组"的颇具特色的文学之家。

不管这种严格的继承关系是否果如其说，有一点是可以肯定的，那就是：这个小组是本大陆最活跃、最见多识广的团体之一。它对加西亚·马尔克斯的文学修养起了决定性的影响。它的成员是一些非常年轻的小伙了，他们极喜饮酒，性格豪爽，不拘礼节,是典型的加勒比人,还像帕尼奥尔[①]笔下的人物一般颇具特色,对于自己,他们也并不自命不凡。他们彼此之间极重友谊,在那个年代,他们书读得相当多(他们读乔伊斯、弗吉尼亚·伍尔夫、斯坦贝克、考德威尔、多斯·帕索斯、海明威、舍伍德·安德森、德莱塞,还有他们一致喜爱并称之为"老头子"的福克纳)。他们常常在神话般的妓院里一面饮酒,一面高谈文学,直到天明。那种地方,鸟语花香,还有饿得躺在床上、担惊受怕的姑娘。这些场景,后来都被如实地写进了《百年孤独》中。

"对于我来说,那些年月不仅是我在文学上而且也是在生活上眼花缭乱同时又有所发现的时期。"今天,加西亚·马尔克斯回忆道,"我们常常喝得酩酊大醉,一面谈论着文学,直到天明。每天晚上,我们至少要谈到十本我没有读过的书。第二天,他们(指他文学小组的好友们)就会借给我看。他们

[①] 马塞尔·帕尼奥尔(1895—1974),法国剧作家。

什么书都有……另外，我们还有一个开书店的朋友，我们也常常帮他制作订书单。每次只要从布宜诺斯艾利斯运来一箱书，我们就欢庆一番。那些书来自南美出版社①、洛萨达出版社②以及南方出版社③，都是博尔赫斯的朋友们翻译的出色成果。"

该小组的文学顾问是堂拉蒙·宾耶斯。他是一个流亡的加泰罗尼亚人，年岁稍长，几年前由于共和政府④失败而离开故土，后又因纳粹分子到来逃出巴黎，最终在巴兰基亚落脚。堂拉蒙酷爱文学，有如军人珍视自己的武器，他把小组中杂乱无章的文学阅读安排得有条有理。他使加夫列尔和他的朋友们深入钻研福克纳的小说，或者让他们进入乔伊斯布下的迷宫，不过，他还时不时地让他们牢牢记住荷马。

多年之后，加夫列尔必将向宾耶斯老人偿还他的欠债：老人后来落叶归根，回到巴塞罗那等待

---

①②③ 均系阿根廷著名出版社。
④ 指西班牙第二共和国政府，1931年建立，1939年被弗朗西斯科·佛朗哥推翻。

进入天国,同时又因思念马孔多而备受折磨——他就是《百年孤独》中那个加泰罗尼亚学者。实际上,该书最后几页所描写的马孔多,已经不是阿拉卡塔卡,而是当时的巴兰基亚了。

每当想起当时既丰富又寒酸的生活,加夫列尔总不免生出某种怀念之情。那条充斥着酒吧和妓院的"罪恶大街":有个名叫"乐逍遥"的酒吧,他们囊空如洗,时常在那儿赊账;还有一个叫"洞穴"的著名酒吧,在这家酒吧的同一个吧台旁,常常同时聚集着猎手、捕鲱鱼的渔民以及迷恋文学的人。那真是没有尽头的街区、没有尽头的夜晚啊。

他有时也会想起曾经住过的那个妓女经常出没的旅馆。有时候,他掏不出过夜的房钱,就把正在撰写的小说原稿给看门人作为抵押。"那家旅馆很大,"今天他描述道,"房间的隔墙是硬纸板做的,所以,邻近的房间里的一切秘密都能听得一清二楚。我可以辨认出许多政府高级官员的声音,使我感动的是,他们大部分人不是来寻欢作乐,而是来向他们的露水伴侣倾诉衷肠的。我是记者,我的生活日程和妓女毫无二致；我们都在中午起床，然后聚在一起共进早餐。"

也是在那个时期，他找到了一个在瓜希拉地区各城镇兜售百科全书和医学用书的差使。那个瓜希拉，就是他母亲的祖先曾经居住过的那个满是炽热砂地的半岛。他一本书也没有卖掉，倒是在孤寂而炎热的夜晚，躲在住满卡车司机和推销员的旅馆里，跟一位他从心底里尊敬的英国女士结下了不解之缘，那位女士就是弗吉尼亚·伍尔夫。

今天，他强调，《达洛维夫人》为他撰写第一部长篇小说铺好了道路。作家自己这么认为，应该是这么回事。然而，事实上，当他坐在打字机旁写《枯枝败叶》的时候，似乎并不只有高贵纯洁的伍尔夫女士在他身旁，还有其他那些对他的文学修养产生过重要影响的作家。有萨尔戈里和儒勒·凡尔纳，正是依靠他们的书，他度过了寄宿学校里的孤寂时光；有那些诗人，那些他所喜爱的诗人，他在波哥大雾气弥漫的星期天搭乘慢慢行驶的装有蓝色玻璃窗的有轨电车时读他们的诗；有他在学生宿舍里发现的卡夫卡以及俄国和法国的作家;有他在卡塔赫纳三十度的阴凉地儿专心钻研的希腊作家;还有巴兰基亚的朋友们在酒吧和妓院里两瓶啤酒下肚之后告诉他的美国和英国作家。

这样,在陪着他母亲去阿拉卡塔卡旅行回来之后,他就不仅仅是有话可说了;由于有着和众多作家共处的体验,由于有着这样一个孤寂然而不断追求探索的青少年时代,他还懂得了话应该怎么来说。

读物及影响

加：告诉你,我喜欢某些书不一定是认为它写得好,而是由于种种并不总是很好解释的原因。

门：你总提到索福克勒斯的《俄狄浦斯王》。

加：《俄狄浦斯王》、《高卢的阿玛迪斯》①、《小癞子》②、丹尼尔·笛福的《瘟疫年纪事》、皮加费塔的《第一次环球旅行》。

门：还有《人猿泰山》。

加：伯勒斯③写的,可以算上。

---

① 西班牙经典骑士小说,已知的最早版本出现在1508年,作者不详。
② 十六世纪中期于西班牙出版的流浪汉小说,作者不详,描写了一个穷苦的小孩子四处流浪挣扎求生的故事。
③ 埃德加·赖斯·伯勒斯(1875 1950),美国作家。

门：你经常反复阅读哪些作家的作品？

加：康拉德、圣－埃克苏佩里……

门：为什么常读他们的作品呢？

加：人们反复阅读某一位作家的作品的唯一原因是喜欢他。所以，我喜欢康拉德和圣－埃克苏佩里是因为他们两人唯一的共同点：他们平静地描绘现实，使其显得诗意盎然，有时候可能有点儿俗气。

门：托尔斯泰呢？

加：我心里从来没有他的位置，不过我一直认为，《战争与和平》是迄今写得最好的长篇小说。

门：可没有哪一位评论家在你的作品里发现这些作家的痕迹。

加：事实上，我一直尽力使自己不跟别人雷同。我不但没有去模仿我所喜爱的作家，反而尽力回避他们的影响。

门：不过，评论家们总在你的作品里看到福克纳的影子。

加：是啊，他们硬说我是受了福克纳的影响，有段时间,竟把我自己也说服了。对此,我倒并不反感,因为福克纳是有史以来最伟大的小说家之一。不过,我认为,评论家们所说的影响我有点儿不明白。就拿福克纳的影响来说,地理上的相似比文学上的相似更为明显。我是在创作了最初几部小说并到美国南方去旅行之后才发现这一点的。那儿的城镇也是酷热难当、尘土飞扬,我在那次旅行中所看到的人也是心灰意冷,跟我在我的短篇小说里描绘的十分相像。也许这种相似并非偶然,因为我童年时代生活的那个小镇阿拉卡塔卡很大部分是由一家美国公司——美国联合果品公司建设的。

门:人们也许会说,相似之处远不止这些呢。在沙多里斯上校①和你的奥雷里亚诺·布恩迪亚上校之间、马孔多和约克纳帕塔法县②之间有着某种血缘关系,在你们的作品里,都出现了一些意志坚强的妇女,也许,某些形容词还带上了工厂的印记……如果你否认福克纳对你起了决定性的影响,

---

① 福克纳的长篇小说《沙多里斯》中的人物。
② 分别为加西亚·马尔克斯和福克纳小说中代表性的故事发生地。

那么,你岂不是等于六亲不认了吗?

加:也许吧。所以我说我的问题不在于模仿福克纳,而是摧毁福克纳。他的影响真让我受不了。

门:可对于弗吉尼亚·伍尔夫,你却完全是另眼相看。除了你自己,还没有人谈到过她的影响。她的影响究竟在哪里呢?

加:如果我在二十岁的时候没有读到《达洛维夫人》中的这段话,可能今天我就是另一副样子了:"但是,毫无疑问,(车子)里面坐着的是个大人物:大人物遮掩着经过邦德街,凡夫俗子们伸手可及;他们可能是第一次也是最后一次离英国的君主、国家的不朽象征这么近。等到伦敦沦为一条杂草丛生的道路,这个星期三上午在人行道上匆匆走过的人们全都变成了白骨,几枚婚戒散落其中,还有无数腐烂的牙齿里的黄金填塞物,好奇的文物学家翻检时间的废墟,才能弄清车里的人是谁。"

我记得,我是在一家旅馆的简陋的房间里,忍着酷热,一面轰蚊子,一面读这段话的。当时我在哥伦比亚的瓜希拉卖百科全书和医学用书。

门:为什么这段话会对你有那么大影响呢?

加:因为它完全改变了我的时间概念。也许,还使我在一瞬间隐约看到了马孔多毁灭的整个过程,预测到了它的最终结局。另外,我想,它难道不是《族长的秋天》的遥远的起因?而这本书正是描写人类的权力之谜,描写孤独和贫穷的。

门:影响者的名单还可以开得更长一些。我们忘了提谁啦?

加:忘了提索福克勒斯、兰波、卡夫卡、西班牙黄金世纪[①]诗歌、从舒曼到巴托克[②]的室内乐。

门:我们是不是还应该把格林加少许进去,把海明威也凑上点儿。你年轻的时候,我看你读他们两人的作品还是津津有味的。你有一个短篇《礼拜二午睡时刻》(你说这是你写得最好的短篇),在很大程度上就是因为读了海明威的《美国太太的金丝雀》才写出来的。

---

① 西班牙文学史家称西班牙文艺复兴时期(十六世纪至十七世纪初叶)为黄金世纪。
② 巴托克·贝拉(1881—1945),匈牙利作曲家。

加：我从格雷厄姆·格林和海明威那儿获取的教益纯粹是技巧上的,这种价值是表面的。对此,我一直是承认的。但是,对于我来说,一个作家能起到的真正的、重要的影响是他的作品能够深入人心,改变读者对世界和生活的某些观念。

门：那我们就来谈谈深刻的,或者说得更确切一些,深藏不露的影响吧。是诗歌吗?也许你在少年时代曾梦想成为一个诗人?这一点你从未承认过……尽管你承认你的文学修养根底上是诗歌。

加：是啊,我是从诗歌开始对文学发生兴趣的,而且还是质量较差的诗歌,刊登在年历和活页上的民间诗歌。我发现我很喜欢中学西班牙语教科书中的诗歌,同时很讨厌语法。西班牙浪漫主义诗人如努涅斯·德·阿尔塞、埃斯普龙塞达等令我十分着迷。

门：你是在哪儿读的呢?

加：在锡帕基拉。你知道,就是离海岸一千公里的那个遥远的凄凉的镇子,奥雷里亚诺第二就是到那儿去找费尔南达·德尔·卡皮奥的。我就是在那儿，在我读书的那个中学里开始了我的文学修养。我不但读很蹩脚的诗歌，而且读历史老师偷偷借给我的马克思主义书籍。星期天我无所事事，就钻进学校的图书馆去解闷。就这样，我读起诗来，是后来才发现了兰波、瓦莱里等人的优秀诗篇……

门：还有聂鲁达……

加：当然还有聂鲁达，我认为他是二十世纪所有语种中最伟大的诗人，即使在他钻进死胡同的阶段，也就是他写政治诗和关于战争的诗的那段时期，也是如此。他的诗质量总是很高。我说过好几次，聂鲁达简直是弥达斯王①，凡他触摸的东西，都会变成诗歌。

门：你是什么时候开始对长篇小说感兴趣的？

加：稍晚一些。那是在大学一年级读法律的时候（那时我大概十九岁），我读到了《变形记》。这个情况我们已经谈到过了。我至今还记得开头第一句是这样写的："一天早晨，格里高尔·萨姆沙从

---

① 希腊神话中的弗里吉亚国王，他的手指可以点物成金。

不安的睡梦中醒来，发现自己躺在床上变成了一只巨大的甲虫。""他妈的，"我想，"我外祖母不也这么讲故事吗？"我就是在那时候对小说产生兴趣的。当时我立志阅读人类有史以来所有重要的长篇小说。

门：所有的？

加：所有的，从《圣经》开始，这是一本讲述神奇事物的特别好的书。我不顾一切，甚至连法律也不学了，光读小说。读小说和写作。

门：你认为你的哪本书能体现你的诗歌修养？

加：也许是《族长的秋天》吧。

门：你曾经说它是一首散文诗。

加：是啊，我是把它作为散文诗来写的。你发现没有，那部小说里我整段整段地引用鲁文·达里奥的诗句？对于熟知鲁文·达里奥的人来说，《族长的秋天》充满了暗示。他甚至还作为小说中的人物出现过呢。书中漫不经心地引用了他的一首诗，一首散文诗。那首诗是这样写的："在你的白手绢上有一个词的首字母，一个不是你名字首字母的红色字母,我的主人。"①

门:除了小说和诗歌,你还读些什么?

加:我还涉猎大量没有什么文学价值却有文献价值的书籍:像是名人回忆录,即使谎话连篇,也没关系;还有传记啦,报道啦,等等。

门:我们可以开一个书单。我记得,你很爱读多米尼克·拉皮埃尔和拉莱·科林斯②合著的埃尔·科尔多贝斯③的传记《要么你为我戴孝》,还有《豺狼》④,甚至《巴比龙》……

加:这是一本令人入迷然而毫无文学价值的书,它应该由一位高明的作家来重写,只要这位作

---

① 原诗为鲁文·达里奥《诗韵》第九首,收录于诗集《世俗的圣歌》。此处引文同《族长的秋天》。
② 多米尼克·拉皮埃尔(1931—2022),法国作家。拉莱·科林斯(1929—2005),美国作家。二人为好友,曾合著多部作品。描述1944年解放巴黎全过程的纪实文学《巴黎烧了吗?》(1965)是他们的首部合著。
③ 埃尔·科尔多贝斯(1936—),原名曼努埃尔·贝尼特斯·佩雷斯,西班牙著名斗牛士,科尔多瓦人,"埃尔·科尔多贝斯"意即科尔多瓦人。
④ 英国惊险小说作家弗雷德里克·福赛斯的成名作,讲了一名外号"豺狼"的杀手如何突破重重围堵,刺杀法国总统戴高乐的故事。

家有意写得令人感到出自新人手笔就行。

门：我们再谈谈文学之外的影响吧，谈谈在你的作品中起决定性作用的影响，比如说，你的外祖母。

加：我对你说过，她是想象力极其丰富但又迷信的妇女。她每天晚上讲的鬼故事把我吓得够呛。

门：你的外祖父呢？

加：我八岁那年，他把他打仗的故事统统讲给我听。我作品中最重要的那些男性角色身上有很多他的影子。

门：据我看，你的外祖父母是一种深远的影响的代表，我指的是你在那儿出生的哥伦比亚加勒比沿海地区。显而易见，那儿有着令人自豪的口头文学的传统，这种传统甚至表现在民歌中，比如巴耶纳托音乐。人们常常讲故事。事实上那儿人人都会讲故事。比如你母亲堂娜路易莎。我记得听她讲过，她有一个女友，每天晚上到庭院里去，一边转悠，一边梳着头发。其实，这个女人十年前就不在人世了……但她还在庭院里转悠。这种讲述奇特的、带有魔幻色彩的事物的能力,是从哪儿来的呢?

加: 我的外祖父母是加利西亚①人的后裔,他们讲的许多超自然的事情都源自加利西亚。不过我认为这些加利西亚人对于超自然事物的特殊爱好也有来自非洲的传统。我的出生地哥伦比亚加勒比沿海地区和巴西一样,是拉丁美洲受非洲影响最深的地区。从这个意义上说,一九七八年的安哥拉之行是我一生中最令人神往的经历之一。我认为那是我生活的分水岭。我希望见到一个奇特的世界,一个十分奇特的世界;而当我一踏上非洲大陆,一闻到那里的空气,我就骤然感到回到了童年时代的世界。是的,我回到了我早已忘却的童年时代,看到了熟悉的习俗和事物,甚至还在那儿做了我童年时代做的噩梦。

在拉丁美洲,我们一直被教导自己是西班牙人。一方面,确实如此,因为西班牙因素组成了我

---

① 西班牙西北部自治区,历史上曾为独立王国。

们文化特性的一部分，这是无可否认的。不过我在那次安哥拉之行中发现，原来我们还是非洲人，或者说是混血儿。我们的文化是一种混合文化，是博采众长而丰富发展起来的。那时我才认识到这一点。

在我的故乡，有些文化样式来源于非洲，与高原地区的土著民族文化大不相同。在我们加勒比地区，非洲黑奴与殖民时期之前的美洲土著居民的丰富想象力结合在一起了，后来又与安达卢西亚人的奇情异想、加利西亚人对超自然的崇拜融合在一起。这种以魔幻手法来描绘现实的才能来源于加勒比地区和巴西。正是在那儿，涌现出一种文学、一种音乐、一种像维尔弗雷多·林[①]的作品那样的绘画，它们是那一地区的美学表达手段。

门：总而言之，你在文学上所接受的比其他任何影响更为强烈的影响来自你的文化及地理渊源，即来自加勒比。那儿是你的世界，你所描绘的世

[①] 维尔弗雷多·林（1902—1982），古巴华裔先锋派画家。

界。你是如何在作品里表达这种影响的呢?

加:我认为,加勒比教会我从另一种角度来观察现实,把超自然的现象看作是我们日常生活的一个组成部分。加勒比地区是一个同别处截然不同的世界,它的第一部魔幻文学作品是《克里斯托弗·哥伦布日记》,这本书描述了各种奇异的植物以及神话般的世界。是啊,加勒比的历史充满了魔幻色彩,这种魔幻色彩是黑奴从他们的非洲老家带来的,也是瑞典、荷兰以及英国的海盗们带来的。这些海盗能在新奥尔良办一个歌剧院,能让太太小姐们的牙齿上镶满钻石。加勒比地区集中了各色人等,相互之间有很大差异,这在世界上别的地方是见不到的。我熟悉它的每一个岛屿:那儿有肤色像蜂蜜那样金黄、眼睛碧绿、扎黄色头巾的黑白混血女人;有混杂了印第安人血统的洗衣服和卖护身符的华人;有从他们所经营的象牙商店里出来到马路当中拉屎的、皮肤发绿的印度人;还有尘土飞扬、酷热难当的小镇,那儿一边是不堪风暴侵袭的小屋,一边矗立着装有防晒玻璃的摩天大楼;那里还有七种色彩的大海。得了,我一说起加勒比就没个完。它不仅是一个教会我写作的世界,也是唯一不让我感到自己是异乡人的地方。

作品

门：你确实这么认为吗？

加：是的，我这么认为：一般而言，一个作家只能写出一本书，不管这本书卷帙多么浩瀚，名目多么繁多。巴尔扎克、康拉德、梅尔维尔[①]、卡夫卡都这样；自然，福克纳也不例外。有时，一个作家的某一本书比他的其他几本书显得更加突出，因而使人以为他此生只写了一本书，或者说，只写了一本重要的书。有谁知道塞万提斯的短篇小说？我们不妨举个例子，有谁知道《玻璃学士》[②]这个短篇？

---

① 赫尔曼·梅尔维尔（1819—1891），美国小说家、诗人，代表作有长篇小说《白鲸》。
② 塞万提斯短篇小说集《惩恶扬善故事集》中的一个短篇。

尽管时至今日这个短篇也像作家的其他优秀作品一样，读来依然饶有兴味。在拉丁美洲，罗慕洛·加列戈斯①由于他的《堂娜芭芭拉》而饮誉文坛，其实这部小说并不是他最优秀的作品；阿斯图里亚斯②因其《总统先生》而闻名遐迩，但依我看，这部小说糟透了，远不如他的《危地马拉传说》。

门：如果一个作家一生只能写出一本书，那么，你的是哪一本？是描写马孔多的书吗？

加：情况并非如此，这你是知道的。我只有两部小说——《枯枝败叶》和《百年孤独》，还有收在短篇小说集《格兰德大妈的葬礼》中的几个短篇背景是马孔多。其他几部作品，如《没有人给他写信的上校》《恶时辰》《一桩事先张扬的凶杀案》则以哥伦比亚另一沿海小镇作为人物的活动舞台。

门：一个见不到火车、闻不到香蕉味的镇子。

加：不过倒是有条河，只有坐小船才能到那个

---

① 罗慕洛·加列戈斯（1884—1969），委内瑞拉小说家，委内瑞拉历史上第一位通过合法程序选出的民选总统。
② 米格尔·安赫尔·阿斯图里亚斯（1899—1974），危地马拉作家，1967 年诺贝尔文学奖得主。

镇子。

门：如果不是写马孔多的书，那么，你唯一的书是哪本？

加：描写孤独的书。请你注意，《枯枝败叶》中的核心人物一辈子就是在极端孤独中度过的，可谓是生于孤独，死于孤独。《没有人给他写信的上校》中的人物也是孤独的。每个星期五，上校和他的老婆，还有他那只斗鸡，眼巴巴地等着有人给他送退伍金来，可总也等不来。《恶时辰》里的那个镇长也是孤独的，他得不到老百姓的信任，饱尝了权力的孤独的滋味。

门：就跟奥雷里亚诺·布恩迪亚和族长一样。

加：一点儿不错。孤独是《族长的秋天》的主题，显然也是《百年孤独》的主题。

门：如果说，孤独是你所有作品的主题，那么，这种占压倒性优势的情感应该从何处追根溯源？也许从你的童年时代？

加：我认为，这是一个人人都会遇到的问题。每个人都有表达这种情感的方式和方法。许多作家，其中有些人是不自觉的，在他们的作品里只表达这种情感。我也是其中之一。你不也是吗？

门：我也和你一样。你的第一本书《枯枝败叶》已经具备了《百年孤独》的雏形。今天，你对当年创作这本书的小伙子怎么看？

加：我对他有点儿同情，因为他当时写得非常仓促，以为此生再也没有写作的机会了，这是他唯一的创作机会，于是他就把当时学到手的东西一股脑儿地塞进这本书中，特别是他当时从英美小说家那儿学来的创作技巧和文学手法。

门：弗吉尼亚·伍尔夫、乔伊斯，当然还有福克纳。说老实话，《枯枝败叶》的写法跟福克纳的《我弥留之际》非常相像。

加：不完全一样。我运用了三种完全不同的视点，虽然没有给这三个人物起名，但他们的身份极易辨认：老头儿、孩子和女人。你如果留意的话，就会发现《枯枝败叶》和《族长的秋天》运用了同样的技巧，表达了同样的主题（围绕着一名死者运用各种视角）。只是在《枯枝败叶》中我还不敢大胆放手，内心独白写得过于刻板了。《族长的秋天》就不一样，我运用了"多人称独白"，有时一个长句就包含好几个人的内心独白。我在这本书里可以说做到了自由翱翔、随心所欲。

门：我们再回过头来谈谈那个写了《枯枝败叶》的小伙子。你那时是二十岁。

加：二十二岁。

门：二十二岁，当时住在巴兰基亚。如果我没有记错的话，你是等别人下了班，深夜躲在一家报社的编辑部办公室里写出这部小说来的。

加：是《先驱报》。

门：对。那家报社的编辑部办公室我也很熟悉。霓虹灯、大吊扇，总是很闷热。外面是一条大街，充斥着低级酒吧。现在不是还管这条街叫"罪恶大街"吗？

加：对，罪恶大街。我当时就住在那里，在妓女出没的旅馆里歇脚。一个房间一晚上要一个半比索。当时我给《先驱报》写稿，写一个专栏给我三个比索，发一篇社论再给三个比索。我要是拿不出一个半比索付房钱,就把《枯枝败叶》的原稿给旅馆看门人作抵押,他知道那是我的重要文稿。许多年之后,我的《百年孤独》也写完了。我在来向我祝贺、索要签名的人群里认出了那个看门人,他还什么都记得呢。

门:为出版《枯枝败叶》,你费了不少周折。

加:整整花了五年时间才找到一家出版社。我把原稿寄到阿根廷的洛萨达出版社,后来给退了回来。还附了西班牙评论家吉列尔莫·德托雷①的一封信。这位先生劝我还是从事别的工作为好,不过倒还承认我这篇东西很有诗意,对此我至今深感满意。

门:我想,你一定听说你的作品在法国也遇到了同样的麻烦。如果我没有搞错的话,恐怕是跟罗歇·凯卢瓦②打交道的那一次吧?

加:《没有人给他写信的上校》交给了伽利马③,

---

① 吉列尔莫·德托雷(1900—1971),西班牙诗人、文学评论家、出版家,博尔赫斯的妹夫。
②③ 均为法国著名出版商。

比《百年孤独》要早得多。当时有两人读了稿子：胡安·戈伊蒂索洛①和罗歇·凯卢瓦。前者那时还不像今天这样是我的好朋友，他阅毕原稿，写了一篇出色的读后记；但凯卢瓦原封不动地把稿子退了回来。我不得不抓紧时间写《百年孤独》，目的是要使伽利马对我的某一本书感兴趣。不过当时我的出版代理人已经在法国另外签订了一些合同。

门：你在《枯枝败叶》之后《百年孤独》之前创作的作品（《没有人给他写信的上校》《恶时辰》《格兰德大妈的葬礼》），无论在语言上，还是在结构上，突然变得现实主义了，有分寸了，严谨有力了，没有丝毫魔幻、夸张的色彩。应该如何看待这个变化？

加：我在着手创作《枯枝败叶》的时候，就坚信一切优秀的小说都应该是现实的艺术再现。可是我那本书是在哥伦比亚人民横遭血腥的政治迫害的动荡岁月里问世的，于是我那些激进的朋友们让我

---

① 胡安·戈伊蒂索洛（1931—2017），西班牙作家，曾任法国伽利马出版社西班牙语文学顾问。

产生了可怕的负罪心理。他们对我说:"你这部小说什么也没有控诉,什么也没有揭露。"今天看来,这种观点过于简单化了,而且是错误的;但在当时,它也促使我思考这么一个问题:我应该时刻关心国家的现实,应该对我原先的文学创作主张略加修正。很幸运,这些主张后来都失而复得。但当时我真的是冒着打破脑袋的危险。

《没有人给他写信的上校》《恶时辰》,还有《格兰德大妈的葬礼》中的许多短篇都取材于哥伦比亚的现实,其理性主义的结构则取决于主题的自然性质。我并不后悔写了这些作品,但这是一种事先进行构思的文学,提供了一种关于现实的静止的、排他性的视角。这些书,不管好坏,总还算有始有终,在我看来并没有到达我能力的边界。

门:是什么原因使你发生了后来的变化?

加:我对自己工作的反思。经过长时间的思考后,我终于懂得了,我的职责不仅仅是要反映我国的政治和社会现实,而且要反映这片大陆乃至世界的现实,绝不偏好或轻视任何一个方面。

门：这就是说，你用切身体验批驳了曾经名噪一时却使拉丁美洲受害不浅的承诺文学①。

加：你知道得很清楚，根据我的政治抉择，我是一个"承诺人物"，在政治上是遵从使命的。

门：遵从社会主义的使命……

加：我希望全世界都成为社会主义的，而且我相信，全世界迟早会变成这个样子。但是我对于我们所谓的"承诺文学"，或者更确切地说，这种文学的顶点社会小说，很有保留。因为我认为，这是一种对世界以及对生活的短浅看法，即使从政治上来说，也不会起任何作用。它不仅没有加速、反而延误了觉悟的进程。拉丁美洲人民对于压迫和不公正实在太了解了，他们期待的是一种真正的小说，而不只是某种揭发材料。许多激进的朋友总是觉得有必要给作家们定下许多条条框框，告诫他们应该写什么和不应该写什么。这些朋友可能没有意识

---

① 关于承诺文学，拉美文学界看法不一。有的认为，反映和鼓吹某种政治主张的即可称为"承诺文学"，因而没有什么文学价值；有的则认为文学的使命就是为政治服务，由此产生的文学作品才具有真正的艺术生命。

到,在他们限制作家创作自由的时候,他们自己站在了一种反动的立场上。我认为,描写爱情的小说和其他任何小说一样,都是极有价值的。实际上,作家的责任,以及革命的责任——如果你愿意承担的话——就是好好写作。

门:你是如何摆脱了直接的政治现实的束缚,另辟反映现实的蹊径的?这条我们姑且称之为神话现实的蹊径,曾促使你创作了《百年孤独》。

加:记得我曾经对你说过,也许是我外祖母给我讲的故事启发我寻找到了这条途径。对于她来说,神话、传说以及人们的信仰,已经极其自然地组成了她日常生活的一部分。有一次,我想起了外祖母,突然意识到我自己并没有创造出什么新奇的玩意儿,只是简单地捕捉和描述了一个充满预兆、民间疗法、感应、迷信的世界,也可以说是一个极富我们自己特色的、极富拉丁美洲特色的世界。你不妨想想吧,我们国家有的人只要在母牛身边念几句经文,就能够从牛耳朵里掏出虫子来。拉丁美洲的日常生活充满了诸如此类的奇特的事情。

因此，我写出了《百年孤独》仅仅是由于我发现了现实，我们拉丁美洲的现实，我在观察时摆脱了历来的理性主义者和斯大林主义者为了更加省力地理解拉丁美洲而强加的条条框框。

门：那么，夸张呢？在《百年孤独》《族长的秋天》以及你最近发表的几个短篇小说里运用的夸张表述，也是现实中就有的？还是一种文学创造？

加：不，夸张实际上也是我们拉丁美洲现实的一个组成部分。我们的现实是十分夸张的，常常使作家们面临非常严肃的问题，其中之一便是词汇贫乏。如果我们说起一条河流，那么一个欧洲读者所能想象的最长河流就是全长两千七百九十公里的多瑙河，他们怎么能够想象宽阔浩瀚、在有些地方一眼望不到对岸的亚马孙河呢？对于欧洲读者来说，暴风雨这个词是一个概念，而对于我们来说是另一个概念；雨这个词也一样，在他们的头脑中同滂沱如注的热带暴雨毫不相干。炽热沸腾的河流、震天撼地的暴风雨，以及能把房子卷上天空的龙卷风，这些都不是人的创造发明，而是存在于我们世界中的大自然的巨大威力。

门:好吧,你发现了神话、魔幻事物、夸张手法,而这一切都来源于现实;那么,语言呢?《百年孤独》中的语言极其丰富多彩,这种语言风格,除了《格兰德大妈的葬礼》这个短篇,在你以前的作品里是没有的。

加:说来也许有点儿自夸,但是说实在的,我早就有驾驭这种语言的能力了,恐怕从我创作伊始就具备了,只是我一直没怎么用。

门:你是否认为作家能像一个人一天换一件衬衣那样,写一本书就换一种语言?你不认为语言实际上就是作家本身的一部分吗?

加:不,我认为技巧和语言都是工具,它们取决于作品的主题。在《没有人给他写信的上校》《恶时辰》以及《格兰德大妈的葬礼》中的几个短篇里,我使用的语言简单明了,朴实无华,讲求效果,那是我写新闻报道时使用的语言。而《百年孤独》则需要一种更加丰富多彩的语言,使另外一种现实得以入驻,这种现实,我们一致同意称之为神话现实或魔幻现实。

门：《族长的秋天》情况如何？

加：为了摆脱在《百年孤独》中使用的语言，我不得不另找一种。

门：《族长的秋天》是一首散文诗，这是受了你的诗歌修养的影响吧？

加：不，那其实主要是受了音乐的影响。我在写这本书的时候，听的音乐比以往任何时候都要多。

门：你最欣赏哪种音乐？

加：我在写这本书的时候，最欣赏的是巴托克以及各种加勒比民间音乐。这两者的混合不可避免地呈现出爆炸性的效果。

门：你还说过，这部作品里有许多民间常用的俚语和暗语。

加：是的，从语言这个角度来衡量，《族长的秋天》是我所有长篇小说中最通俗的一部，同加勒比地区的主题、习语、歌曲以及谚语最为接近。书中有些句子只有巴兰基亚的汽车司机才能看懂。

门：你如何看待你过去的作品，举例说，你最初出版的几本书？

加：我已经对你说过了，我是带着慈父般的柔情看待我早期的作品的，仿佛回忆已经长大成人、离开家庭的子女。我觉得我的早期作品就像去了远方、举目无亲的孩子。我至今仍然记得那个小伙子写这几本书的时候遇到的种种困难。

门：这些困难你今天轻而易举就能解决了。

加：是啊，这些困难今天算不上困难了。

门：在你的早期作品和后来使你举世闻名的作品之间有什么联系吗？

加：有的，我自己也觉得有必要了解这种内在联系并加以保护。

门：哪一部是你最重要的作品？

加：从文学的角度来讲，我最重要的成果是《族长的秋天》，它能使我免于被遗忘。

门：你还说过，这是一部在写作时最使你感到幸福的书。为什么呢？

加：因为它是我一直想写的一本书，而且，我在这本书里尽情地抒发了我的个人看法,做到了畅所欲言。

门:当然是精心编排的啰。

加:那当然。

门:这本书你花的时间最多。

加:总共十七年。而且还两易其稿,第三次才写成功。

门:那么是你最好的书了?

加:在创作《一桩事先张扬的凶杀案》之前,我认为我最好的长篇小说是《没有人给他写信的上校》,这部小说我写了九次,我觉得,在我的所有作品里,它是最无懈可击的。

门:你现在认为《一桩事先张扬的凶杀案》最好啰?

加:是的。

门:你是从哪个方面来衡量的呢?

加:我是从这个方面来衡量的:在这部作品里,我真正做到了我自己想做的事情。这种情况我过去从来没有遇到过。在别的作品里,主题常常会牵着我的鼻子走,人物会挑选另一种生活,而且想怎么干就怎么干。

门:这倒是文学创作中的一种奇特的现象了……

加:不过我当时希望自己能以强有力的控制来写一本书,我认为,这一点我在《一桩事先张扬的凶杀案》里做到了。这部作品在结构上很像侦探小说。

门:很奇怪,你从来不把《百年孤独》列入你的优秀作品中,许多评论家可是把这部小说推崇为无可媲美的呢。你真这么怨恨这本书吗?

加:是的,我怨恨它。它差一点儿把我给毁了。出版之后,一切都跟以前不一样了。

门:为什么呢?

加:因为声誉扰乱了你对现实的感觉,也许人有了权力也一样;另外,对于一个人的私生活来说,它也是一种持续的威胁。不幸的是,谁要不是深受其害,是绝对不会相信的。

门:也许你认为,和你其他的作品比较起来,这本书取得的成功不公平?

加：不是这么回事。我刚才跟你说了,《族长的秋天》是我在文学上最重要的作品,但是它也只讲到了权力的孤独,而不是日常生活的孤独。《百年孤独》中所描述的则跟大家的生活很相像。它写得简洁流畅,线条分明,我要说(我已经说过),甚至写得很肤浅。

门:你似乎不大瞧得上眼。

加:不是的。不过我很清楚,它是我使出了浑身解数,运用了所有的写作技巧才写出来的,这使我在动笔之前产生了这样的想法:我以后写的书准能赶上它。

门:击败它。

加:是的,击败它。

等待

  他的第一本书是他默默地抑制着冲动的激情一口气写出来的。每天晚上,当活字铸排机沉寂无声,一楼那架轮转机只发出微弱而哀怨的叹息时,他便躲进巴兰基亚《先驱报》阒无一人的编辑部里奋力打字。在空着座位的写字台上方,电风扇的叉形扇翼徒劳地转动着,想要驱走炎热。远处,从"罪恶大街"的酒吧里传来一阵阵粗俗不堪的音乐。当他疲惫地从打字机旁站起身来,夜已经很深了,天都快要亮了;他却毫无睡意,马孔多的人物和故事依然萦绕在他的脑际。他把刚刚打好的稿件装进一个皮口袋,走出报社。外面飘散着海滩和烂水果温热的气味,这是这座城市的老味道。在一家酒吧门口，一个醉汉跟跟跄跄地迈着步子。加夫列尔夹着手稿，穿过圣尼古拉斯广场，向那家妓女寄宿的旅馆走去。旅馆下面是公证人事务所。除了乞丐和垃圾，街上空荡荡的。等待着加夫列尔的那个单人房间，每晚只要一个半比索；不过四壁都是硬纸板，里面只有一张行军床。

他的第一部小说就在这种环境里问世了。《枯枝败叶》是一本内容充实的书，它已经包含了马孔多所有的荒凉以及对昔日的眷恋，完全有理由使它的作者名扬拉丁美洲。然而事与愿违。任何一位作家只要写出一部优秀的作品（而他已经写出了四部）便有权享受的公众的承认、赞誉或者说酬谢，却在许多年之后才来到他的面前。当时，他的第五部作品《百年孤独》，出乎他本人的意料，先是在布宜诺斯艾利斯，后来在整个拉丁美洲，最后在全世界，像热香肠似的出售。

这个时期，这种等待是艰难的，极需耐心，也许还要承受一些轻蔑，也悄悄地被不确定性，自然还有某些问题所纠缠。

《枯枝败叶》耽搁了五年之久才得以出版。虽然这本书的原稿只送到很少几个出版商手里，但是竟然没有一个人对它感兴趣。布宜诺斯艾利斯的洛萨达出版社的审稿编辑、西班牙评论家吉列尔莫·德托雷将原稿退回，还附了一条措辞生硬的评语：这本小说没有价值，但还算有些诗意。出于怜悯，他甚至还忠告作者最好改行做别的工作。当时在波哥大《观察家报》当记者的加夫列尔最后只得自行编辑校对，自费出版了《枯枝败叶》；他靠几个朋友帮忙，在波哥大一家简陋的印刷厂把书印了出来。

这部小说理所当然地在当地受到了好评，但是比起加夫列尔为《观察家报》所写的新闻报道来，它的反响却要小得多。他连载的海难幸存者的历险故事或者自行车赛冠军的生活轶事往往使报纸销量大增。

当《观察家报》将加夫列尔派驻欧洲采访时，他已是国内颇负盛名的记者了，然而依然是一名无人知晓的作家。一九五五年冬，他下榻居雅斯大街①的佛兰德旅馆,对于这家旅馆的老板娘来说,今日尊容经常见诸报端的加夫列尔,当时不过是,也许如今依然是"那个八楼的记者"②罢了。

我就是在那时候认识他的。我曾经写到过,当时他只是一个孤零零的双鱼(今天,他那稳定的上升星座金牛已经主宰了他的生活),只受自己预感的指引。他身材瘦削,又长着一副阿尔及利亚人的面孔,这种模样往往会引起警察的疑心,也把真正的阿尔及利亚人搞糊涂了(他们有时会在圣米歇尔大街③停住脚步,用阿拉伯语跟他攀谈)。他一天要抽三盒烟,不懂法语,冥思苦想企图在石头和雾气的海洋巴黎闯出一条路来。那时正值阿尔及利亚战争④期间,也是布拉桑⑤的歌曲

---

① 位于巴黎第五区的著名街道,以法国法学家雅克·居雅斯的名字命名。
② 原文为法语。
③ 巴黎街道,拉丁区最热闹的地方,有许多咖啡馆、书店和电影院,还是一家博物馆和几所学校的所在地。
④ 阿尔及利亚1954年11月发生武装起义,法国派兵镇压,两国自此陷入战争,直到1962年法国正式承认阿尔及利亚独立。
⑤ 乔治·布拉桑(1921—1981),法国著名歌手、诗人。

开始风靡、情侣们绝望地在地铁里或家门口亲吻的年代。在布达佩斯事件①之前,人们从政治角度看待世界还好比看西方电影一般:社会主义这一边是好人;另一边则是坏蛋。

最近,我们重访了居雅斯大街当年他下榻的那间阁楼。窗前是拉丁区的一片屋顶;屋内仍然可以听到索邦神学院报时的钟声,但是,已经听不到每天早晨从街上进来兜售洋蓟的小贩悲怆的叫卖声了。每天晚上,加夫列尔让膝盖紧紧挨着暖气片,抬眼就能看见用一枚大头针钉在墙上的未婚妻梅塞德斯的肖像,写一部小说,一直到晨光熹微的黎明;那本小说就是《恶时辰》。但是他刚开了个头,就不得不停了下来。他准备塑造的人物,一位望眼欲穿地等着退伍金的内战时期的老上校,需要有这个人物自己的一块地盘,需要一整部小说。他把它写了出来。他写出了《没有人给他写信的上校》。这

---

①1956年10月至11月,匈牙利发生了抵制苏联控制和苏联政治经济模式的群众运动,开始是和平游行,后来演变为武装暴动,在苏联的军事干预下平息。

一方面固然是为了给《恶时辰》扫清道路,另一方面也是想要通过文学摆脱当日常生活的窘困:他跟他笔下的人物一样,吃了上顿没有下顿,也总是在等待来信,等待附有支票的来信,但总也没有音讯。

他的经济问题起始于刊登在《世界报》上的一则三行字的消息,我们是在学院路的一家咖啡馆里看到的。原来,当时统治哥伦比亚的独裁者罗哈斯·皮尼利亚①关闭了《观察家报》,而加夫列尔正是该报驻巴黎的记者。"没什么关系。"他说。但是实际上关系很大。来信再也不附带支票了。于是,过了一个月,他就付不起旅馆的房钱了。布拉桑还在唱他的歌,情侣们还在地铁里亲吻,然而巴黎已然不是他初来时的巴黎了,它变成一座苦涩、冷酷的城市,不少拉丁美洲人对此都深有体会。巴黎的房间有如冰川一般寒冷,到处都是穿着破烂的套头衫的人。在巴黎,吃一顿热饭,挨着有火

---

① 古斯塔沃·罗哈斯·皮尼利亚(1900—1975),哥伦比亚军人,通过军事政变上台,1953年至1957年任哥伦比亚总统。

的角落取一会儿暖,就是一种大胆而令人惊讶的豪举了。

巴兰基亚的贫穷有它美好的一面;再说,穷也是相对而言的:那儿处处有友人,市长还常常派车把他送到他下榻的旅馆,引得看门人和妓女都惊奇地睁大了眼睛。加勒比是充满人情味的。"有饭大家吃。"那儿的人们常这样说。巴黎恰恰相反,它对于穷人真是铁石心肠。加夫列尔对此深有体会。有一天,他在地铁里不得已跟人要一枚硬币,一个人给了他,但是没好气地把钱放在他手里的,而且对他的解释根本不屑一听。

加夫列尔曾经说过,只要他在某座城市待过,那里就会比别的城市给他留下更为持久的印象。巴黎留给他的印象是悲伤的:"一个漫漫长夜,我无处栖身,便坐在长靠背椅上,在地铁通风口散发出来的恩赐的雾气中打着盹儿,度过了一宿;而且,还躲过了常常追打我的警察,因为他们总把我当成阿尔及利亚人。突然,曙光出现在天际,煮菜花的气味消失了,塞纳河也停止了流动,在这个为晨光薄雾所笼罩的秋天的星期二,我成了这座空旷的城市里唯一活着的存在。当时发生了这么一件事:当我走过圣米歇尔大桥时,我听到了一个男人的脚步声;我在雾霭中隐隐约约地看到那人穿着一件深色外衣,两手插在衣兜里,头发似乎刚刚梳过。我们在桥上擦肩而过的那一瞬,我瞥见了他半张清癯而苍白的脸庞;他是在哭着走路的。"

这一时期的产儿便是《没有人给他写信的上校》,他的第二部小说。不过这本书也没有给他打通门路。我记得,这部小说的副本我保留了很长一段时间,那是一份打在黄色纸张上的稿子。我把它送给一些人看,心想这些人一定能促成其付梓,不料他们居然并不欣赏这本小说的文学质量。

在巴黎旅居数年之后,我们去了加拉加斯当记者。加夫列尔仍然在晚上不工作的时候写作。这时候他是在创作《格兰德大妈的葬礼》等短篇小说。还是没有人发现,这位在杂志社供职的记者已经很自然地成长为一个优秀的作家了。加拉加斯是一座到处是移民的城市,拥有窗明如镜的大楼和水泥高速公路,在这里,任何成就都会牵涉数百万玻利瓦尔①,除此之外,它还没有精力也没有时间来承认不请自来的天才。当然,它对今天的加西亚·马尔克斯极其慷慨大方,但是想当初,他不过是一个瘦削的、不安分的三十来岁的记者,它甚至连他的存在都不知道。尽管他能写一手非常出色的新闻报道,可是把自己的小说寄去参加各类报纸的评奖活动却一无所获。

　　后来,到了波哥大,他依然期待着。他还是在晚上写作(现在是写《恶时辰》了)。那时候,他和我两人主持着拉美通讯社分社的工作。《没有人给他写信的上校》在一家文学杂志上发表了,但该杂志的编辑事先并没有征得作者的同意,也没有付一分钱的稿酬。因为,他们无疑认为,发表一部出版商不屑一顾的稿子已经是一种颇为慷慨的酬谢了。当然,《没有人给他写信的上校》在当地获得了好评,正如晚些时候《恶时辰》得到的

---

① 委内瑞拉货币名。

评价一样；后面这部小说还获得了哥伦比亚埃索石油公司赞助的全国文学奖。

不过，不管怎么说，这些只是微不足道的成绩。这些书的印数很少，给的稿费很低，发行范围也仅仅局限在国内。除了在哥伦比亚，还没有人知道加西亚·马尔克斯是何许人。甚至在国内，除了他的一些密友，其他人也仅仅把他看作是一个尚有价值的地方文学的代表，而远非才华超群的作家。波哥大的上流社会一向以姓氏和衣衫取人，因此绝不忽视他来自外省、来自沿海地区的出身，他那支棱着的头发，他穿的红袜子，也许还有他分不清吃鱼和进甜食时该用什么刀叉的笨拙模样。

有人说得妙：拉丁美洲的资产阶级分不清动词 ser 和 tener。① 此话真是一针见血。有一天，加夫列尔终于跟他们住进了同样的旅馆，在同样的餐厅里

---

① 在西班牙语中，ser 和 tener 这两个动词意思相近而又有所不同，ser 的基本意思是"是"，tener 的基本意思是"有"。作者在这里讽刺资产阶级分不清"是什么"与"有什么"，把一个人所拥有的名利地位等同于这个人本身。

吃龙虾，和他们一样或者说竟比他们更加了解葡萄酒的合适温度，了解奶酪的品类，熟悉纽约、巴黎或伦敦的名胜和娱乐节目了。他们为他敞开大门，讨好地恳请他跟他们一起喝一杯威士忌；他们现在什么都不在乎了，甚至包括这位《百年孤独》的作者一贯左倾的思想以及他对菲德尔·卡斯特罗的同情态度。

不过这一切都是后话。当时还并非如此。虽则他已经出版了几本书（包括墨西哥维拉克鲁斯大学出版的《格兰德大妈的葬礼》在内，已经有四本了），等待却还得拖好几个年头。加夫列尔由拉美通讯社社长豪尔赫·里卡多·马塞蒂派遣，任驻纽约记者。他一如既往：白天当记者，晚上躲在旅馆里搞创作。那年月，无论从哪个意义上来说，都是极其艰难的时期。纽约的古巴流亡者常常打电话威胁他，有时候会提醒他别忘了自己还有老婆孩子，他们可能会遇到麻烦。为了预防任何袭击，加夫列尔在工作时总是准备一根伸手可及的铁棍。在古巴国内，其时正在经历后来所谓的"宗派主义年"，旧共产党①的成员掌握了国家机关的重要位置。这些人对拉美通讯社极感兴趣。社长豪尔赫·里卡多·马塞蒂是个阿根廷青年，他头脑清醒，为人通达，但竟然跟他们对着干。当他被撤去社长职务时，我们这些跟他一样具有革命热情并反对党内宗派主义的人，都辞职不干了。加夫列尔也是其中之一。

（我认为，这一事件标志着古巴革命进程的一个令人不安的转折。但加夫列尔不以为然，我觉得他只把它看作是前进道路上出现的一桩意外，并没有使他对古巴政府的同情有所降温；但是，这种同情过去并非、现在也不意味着无条件的盲从。）

他辞职之后，就在纽约失了业，又没有回去的盘缠。他居然荒唐地（不过这种荒唐他在内心深处却认为是有隐藏的逻辑的，这完全出于他的直觉）决定带着妻子和孩子去墨西哥。他们是坐公共汽车去的，全部款项只有一百美金。

他在墨西哥找到的第一件差使是给一家妇女杂

---

① 指成立于二十世纪二十年代的古巴共产党，后改名为人民社会党，不同于后来由卡斯特罗领导的古巴共产党。

志当编辑。那天，他的鞋底快掉了。杂志社老板还是一位知名的电影制片人，约他在一家酒吧见面。他得比杂志社老板先到后走，免得让人看出他那双皮鞋开了线。过了那么多年，他还处于和当年他写第一部小说时同样的窘境。

我不记得究竟是我去墨西哥旅行时，还是他来我居住的巴兰基亚旅行时，他跟我讲起他又在写一本小说。"它像一支博莱罗舞曲。"他对我说。（博莱罗是一个地道的拉丁美洲音乐术语，它表面上似乎十分伤感，但实际上又很俏皮，极其幽默，是一种"你不能对它过于认真"的东西；看样子，只有我们拉丁美洲人才能领会它的确切含义，就跟领会博尔赫斯所使用的形容词一样。）"到目前为止，"他一面说，一面把手指放在桌上，然后让手指在桌子中间爬了几下，"我搞创作一直走的是一条比较稳妥的道路，没有冒什么风险。可我现在觉得，我得沿着边缘走一走了。"说着，他把手指沿着桌边向前爬了几下，一面小心翼翼地保持着平衡，"你想想：书中一个人物挨了一枪，死了，他的血流过全镇，一直流到他母亲那儿。全书通篇如此，始终处于优美或造作的边缘。它像一支博莱罗舞曲。"接着，他又补充说："我要么因此一举成名，要么头破血流。"

显然，他跟我谈的就是《百年孤独》。此书脱稿后不久，我就读了原稿。之后，我给他写了个字条，对他说，毫无疑问，他已经成功。我立即收到他一封回信："读罢来信，我今天晚上能睡一个安稳觉了。《百年孤独》的难处，并不在于把它写出来，而是要饮下对此书感兴趣的朋友们在阅读后倒的苦酒。幸而他们的反应比我预想的要好得多。我认为，南美出版社的意见是这种反应的最好概括：此书合同规定初版一万册，过了半个月，专家们看了校样之后又将印数增加了一倍。"

是啊，起始于十五年之前——当初写《枯枝败叶》，他天天直写到破晓——的那个漫长的等待时期终于结束了。

《百年孤独》

门：你着手写《百年孤独》的时候，什么是你的创作初衷？

加：我要为我童年时代的全部体验寻找一个完美的文学归宿。

门：许多评论家说，你这部作品是对人类历史的一种隐喻或讽喻。

加：不是这么回事。我只是想艺术地再现我童年时代的世界。你知道，我的童年是在一个景况悲惨的大家庭里度过的。我有一个妹妹，整天啃食泥巴；一个外祖母，酷爱占卜算命；还有许许多多彼此名字完全相同的亲戚，他们向来搞不太清楚幸福和疯癫的区别。

门：评论家总会在你的作品里找到更加复杂的创作意图。

加：要说有什么更加复杂的创作意图，那也是不自觉的。不过话说回来，也会发生这样的情况，那就是：评论家和小说家完全相反，他们在小说家的作品里找到的不是他们能够找到的东西，而是他们乐意找到的东西。

门：一谈到评论家，你总是充满嘲讽的口气，你为什么这么讨厌评论家？

加：因为他们总是摆出一副主教大人的臭架子，冒着大放厥词的危险，承担解释《百年孤独》之谜的全部责任。他们没有想到，《百年孤独》这样一部小说，根本不是什么一本正经的作品，书中有很多给最亲密的朋友的暗号，只有他们自己才能发现。

我举个例子。我记得，有一位评论家看到书中人物加夫列尔带着一套拉伯雷全集前往巴黎这样一个情节，就认为发现了作品的关键。这位评论家声称，有了这个发现，这部作品中的人物所有无节制的、极其夸张的表现都可以得到解释,原来都是受了拉伯雷的文学影响所致。其实,我提到拉伯雷的名字,只是扔了一块香蕉皮,结果不少评论家都踩上了。

门:评论家高谈阔论我们可以不加理会,不过,你这部小说倒不仅仅是你童年时代的艺术再现。有一次,你不是也说过,布恩迪亚家族的历史可以说是拉丁美洲历史的翻版吗?

加:是的,我是这么看的。拉丁美洲的历史也是一系列代价高昂然而徒劳的奋斗的集合,是一幕幕事先注定要被人遗忘的戏剧的集合。至今,在我们中间,失忆症仍然存在。只要事过境迁,谁也不会清楚地记得香蕉工人横遭屠杀的惨案,谁也不会再想起奥雷里亚诺·布恩迪亚上校。

门:上校发动的那三十二次惨遭败北的武装起义足以表现我们的政治挫折。请问,如果奥雷里亚诺·布恩迪亚上校打了胜仗,那将会是什么样子?

加:他很可能变成一个大权在握的族长。记得在写这部小说的时候,我还真有一次想让这位上校掌权执政呢。要真那样,写出来的就不是《百年孤独》,而变成《族长的秋天》了。

门:我们是否应该认为,由于我们历史命运的安排,为了反抗暴政进行斗争的那些人,一旦上台执政,就很有可能变成暴君?

加:在《百年孤独》中,一个被判处死刑的人对奥雷里亚诺·布恩迪亚上校说:"我担心的是,你那么憎恨军人,跟他们斗了那么久,琢磨了他们那么久,最终却变得和他们一样。"他这样结束了他的话:"这样一来,你会变成我们历史上最专制最残忍的独裁者。"

门:听说你在十八岁的时候就打算写这部长篇小说了,确有此事吗?

加:确有此事,不过小说原定的题目叫作《家》,因为我当时设想所有故事都应该在布恩迪亚家族中展开。

门:当时你的构想有多大规模?是不是从那时起这部小说就计划跨越一百年的时间?

加:我怎么也安排不好一个完整连续的结构,

只写出一些零散的章节,其中有些在我当时工作的报纸上发表了。至于能跨越多少年,倒从来没让我操过心。其实我对《百年孤独》的历史是否真能延续一百年不太有把握。

门:你后来为什么没接着写下去呢?

加:因为当时要创作这样一部作品,我还缺乏经验、勇气以及写作技巧。

门:但是这个家族的兴衰史一直萦绕在你的脑际。

加:大约持续了十五六年。但我还是没找到能使我自己对这部历史感到信服的笔调。有一天,我带着梅塞德斯和两个孩子到阿卡普尔科①去旅行,途中我终于恍然大悟。原来,我应该像我外祖母讲故事一样叙述这本书的故事,就以一个小孩一天下午由他父亲带领去见识冰块这样一个情节作为全书的开端。

门:一部线性的历史。

---

① 墨西哥南部太平洋沿岸港口。

加：在这部线性的历史中，奇特的事物极其纯真地同日常事物融合在一起。

门：于是你半路掉头回家开始动笔，是不是？

加：是的，阿卡普尔科我到底没去。

门：那梅塞德斯有什么看法呢？

加：你知道，我这种疯疯癫癫的作风她总是默默地忍受。要没有梅塞德斯，我永远也写不成这本书。她是掌控大局的人。几个月之前我曾经买过一辆小汽车，后来我又把它抵押了出去，把钱如数交给了她，心想还够用六个来月的。可是我用了一年半的时间才写完这本书。钱用完了，梅塞德斯也没吭声。我不知道她是怎么让肉店老板赊给她肉、面包师傅赊给她面包、房东答应她晚交九个月房租的。她瞒着我把所有的事情都承担起来了，包括每隔一段时间给我送来五百张稿纸。不管什么时候也少不了我这五百张稿纸。等我写完这部作品，也是她亲自到邮局把手稿寄给南美出版社的。

门：记得有一次她告诉我，她一面拿着你的手稿往邮局走,一面想:"要是到头来这部小说被认为很糟糕可怎么办?"可见,她当时还没有读过,是不是?

加:她不爱读手稿。

门:你的两个儿子也一样,他们都是你作品的最后一批读者。请你告诉我,你当时对《百年孤独》会取得成功是否有信心?

加:这部作品会获得好评,这一点,我是有信心的,但能否在读者中取得成功,我就没有把握了。我估计,大概能卖掉五千来本(在此之前,我的作品每种大约只卖出一千来本)。南美出版社倒是比我乐观,他们估计能卖掉八千本。而实际上,第一版仅在布宜诺斯艾利斯一地半个月之内就被抢购一空了。

门:我们来谈谈这部作品吧。请问,布恩迪亚家族的孤独感源出何处?

加:我个人认为,是因为他们缺乏爱。在我这部小说里,人们会看到,那个长猪尾巴的奥雷里亚诺是布恩迪亚家族在整整一个世纪里唯一因爱情孕育出的后代[①],布恩迪亚家族的人不懂爱情,不通人道,这就是他们孤独和受挫的秘密。我认为,孤独的反义词是团结。

门:我不想再问你别人问过你多次的问题,即为什么书中出现了那么多的奥雷里亚诺,那么多的何塞·阿尔卡蒂奥,因为众所周知,这是一个极富拉丁美洲特色的命名方式。我们祖祖辈辈名字都大同小异。你们家的情况就更加出奇,你有一个兄弟,名字跟你一样,也叫加夫列尔。不过,我倒想知道,要区分奥雷里亚诺和何塞·阿尔卡蒂奥,有无规律可循?什么样的规律?

加:有一条非常容易掌握的规律:所有叫何塞·阿尔卡蒂奥的都使这个家族得以延续,而所有叫奥雷里亚诺的则反之。唯一的例外是何塞·阿尔卡蒂奥第二和奥雷里亚诺第二这一对孪生兄弟,也许是因为他们俩长得完全一样,从小就给搞混了。

门:在你这本书里,狂热昏聩的总是男子(他

[①] 见《百年孤独》最后一章。

们热衷于发明、炼金、打仗，又荒淫无度），而理智清醒的总是妇女。这是否是你对两性的看法？

加：我认为，妇女们支撑着这个世界，以免它土崩瓦解；而男人们只知一味地推倒历史。到头来，人们会问究竟哪种做法不够明智。

门：看样子，妇女们不仅保证了这个家族的延续，还保证了这部长篇小说的连贯性。也许，这就是乌尔苏拉·伊瓜兰特别长寿的原因所在吧？

加：是的。早在内战结束之前，她已年近百岁，应该归天了。但是我觉察到，她一死，我这本书也就完蛋了。只有等后面的情节无足轻重时，她才能死。

门：佩特拉·科特斯在这部小说中有什么作用？

加：有一种极其肤浅的看法，认为她仅仅是费尔南达的对立面。也就是说，她是一位加勒比地区的女性，没有安第斯地区妇女那种道德偏见。但是我认为，倒不如说她的个性和乌尔苏拉极为相似。不过她对现实的感觉要粗糙得多。

门：我猜想，你在写这部作品的时候，总有些人物偏离了你的创作初衷,你能举个例子吗?

加:可以。桑塔索菲亚·德拉·彼达就是其中一例。按照原本的构想,她会得麻风病,而且她一发现自己得了病,就应该像在现实生活中一样,立即不辞而别,走出家门。尽管这个人物的性格基础是忘我的牺牲精神,这个结局让人觉得还算真实可信,但我还是进行了修改。这样写太悲惨了。

门:有没有哪个人物最后写得完全背离了你的本意?

加:就人物的性格及其命运来说,有三个人物完全背离了我的本意:奥雷里亚诺·何塞,他对他的姑妈阿玛兰妲产生了强烈的热情,这使我大为惊讶;何塞·阿尔卡蒂奥第二,我原来打算把他写成香蕉工会的领袖,但并未如愿以偿;还有何塞·阿尔卡蒂奥,他竟从教皇的学生变成了一个花花公子,跟本书其他部分显得有些格格不入。

门:对书中那些关键人物来说,有一段时期,马孔多给你写得不像个镇子了,倒像一座城市,像巴兰基亚了。最终,你把你在那儿所熟悉的人物和地点都给安上去了。这么一变,没有引起什么问题吗?

加:与其说马孔多是世界上的某个地方,还不如说它是某种精神状态。所以,要把它从小镇这样一个舞台挪到城市中来并非难事。但是,如果既要挪动场所又不致引起人们思乡之情的明显变化,那就难了。

门:创作这部小说时最困难的是什么时刻?

加:开头。我十分吃力地写完第一个句子的那一天,我至今记忆犹新,当时我非常心虚,不禁自问:我下面不知会写出他妈的什么玩意儿来呢。事实上,当我写到在一片丛林之中发现了一艘西班牙大帆船①时,我觉得这本书无论如何也写不下去了。但是,过了这个阶段,我的创作便犹如江水奔流,一泻千里,而且心情也变得非常愉快了。

门:你还记得你写完这部小说的日子吗?当时是几点钟?你的精神状态怎么样?

---

① 见《百年孤独》第一章。

加：为了创作这部小说，我每天从上午九点写到下午三点，整整写了一年半的时间。毫无疑问，我知道那天将写完它。这本书大约是在上午十一点钟光景自然完结的，不早不晚，有点儿不合时宜。当时梅塞德斯不在家，我想把这个消息打电话告诉别人，可一个人也找不到。我那天手足无措的窘态现在想起来真是历历在目。我竟然不知道怎么打发剩下的一大段时间，只好胡思乱想以便挨到下午三点钟。

门：这部小说的某些重要特点一定会被评论家们（当然是指你厌恶的那些评论家）所忽视。你看，他们忽视了什么？

加：他们忽视了这部作品极其明显的价值，即作者对其笔下所有不幸的人物的深切同情。

门：你认为，谁是这部小说最好的读者？

加：我的一位苏联女友看到一位上了岁数的妇女手抄我这本书，而且很明显是从头抄到尾。我的朋友问她为什么要这样做，那位妇女回答说："因为我想知道究竟是谁真的疯了：是作者还是我。我认为，唯一的办法是重新把这本书写一遍。"我想不出比这位妇女更好的读者了。

门：这本书被译成了几种文字？

加：十七种。

门：听说英译本非常出色。

加：是的，很出色。原文译成英文，显得明快有力。

门：别的译本怎么样？

加：我跟意大利文译者和法文译者一起工作了很长时间，这两种译本都很好。不过，我体味不到法译本的优美。

门：该书在法国的销售情况不及在英国和意大利，更不用说取得巨大成功的西班牙语国家了。这是什么原因？

加：这也许要归咎于笛卡尔哲学吧。我觉得，我和拉伯雷的激情较为接近，离笛卡尔的严谨则相去甚远。在法国，笛卡尔曾一度占了上风。尽管我这本书也受到了好评，但是因为这个原因，在法国没有像在其他国家一样受到普遍的欢迎。前不久，罗萨娜·罗桑达①才给我把事情讲明白：原来一九六八年法译本在法国出版时，社会局势对我这本书并不十分有利。

门：《百年孤独》的成功是否使你非常惊讶？

加：是的，非常惊讶。

门：但是你对弄清楚这个秘密并不感兴趣？

加：是的，我不想知道。我认为，搞清楚为什么我的一本我估计只有几个朋友会看的书会像热香肠一样到处出售，是危险的。

---

① 罗萨娜·罗桑达（1924—2020），意大利记者，曾加入意大利共产党，后参与创立报纸《宣言》，被开除党籍。

《族长的秋天》

门：你还记得那架飞机吗？

加：哪架飞机？

门：就是一九五八年一月二十三日凌晨两点从加拉加斯上空掠过的那架飞机，我们听到了它的轰鸣。我记得，我们是在圣贝纳迪诺区的一套公寓的阳台上看到它的，当时我们正在那儿聚会。两道红光低低地掠过正实行宵禁的加拉加斯的夜空，这座城市彻夜不眠，时刻等待着独裁者垮台。

加：佩雷斯·希梅内斯[①]坐着这架飞机逃跑了。

[①] 马科斯·佩雷斯·希梅内斯（1914—2001），委内瑞拉军人，1950年起掌控国家实权，1952年至1958年出任委内瑞拉总统，被推翻后逃亡美国。

门：是啊，随着这架飞机的出逃，委内瑞拉为期八年的独裁统治结束了。请让我向读者交代一下这段时期的情况吧。这很重要，因为就是在这个时候你产生了创作一部描写独裁者的长篇小说的想法。十七年后，经过两次中途搁笔，你终于写出了《族长的秋天》一书。

（那架飞机上坐着独裁者，还有他的妻子、女儿、部长和密友。独裁者当时由于颜面神经痛而脸部红肿，可还在对他的副官大发雷霆，因为在他们踩着绳梯爬上飞机仓皇出逃时，此人竟把一个装有一千一百万美金的手提箱落在飞机下面了。

当电台播音员中断了三天来一直在播放的古典音乐节目，宣告独裁统治垮台时，飞机已经飞高了，朝着海上，朝着加勒比渐渐远去。这时，加拉加斯千家万户的电灯，仿佛圣诞树上的蜡烛一样，一盏接着一盏亮了起来。之后，在凌晨淡淡的雾霭和清新的空气中，人们开始狂欢。喇叭声、叫喊声以及工厂的汽笛声响成一片，人们坐在汽车和卡车里挥动着旗子。在国家安全部大厦化为火海之前，人们把在那儿找到的、被迫害的"政治犯"们扛在了肩膀上。

这是我们第一次目睹拉丁美洲独裁者垮台的情景。

当时,我和加西亚·马尔克斯两人是一家周刊的负责人,从那一刻起,我们的日子变得特别紧张忙碌。我们去参观了前政权的要害部门:国防部。它好像一座要塞,走廊里到处可以看到这样的标语:"此处所闻所见,一律不准外泄!"我们还参观了米拉弗洛雷斯总统府。

那是一幢古老而高大的殖民地建筑,院子中央有一个喷泉,四周摆满了一盆盆鲜花。加西亚·马尔克斯在那儿遇到一个老管家,早在另一个独裁者胡安·比森特·戈麦斯①统治的时代,他就在总统府当仆役了。戈麦斯出身农家,长着一双鞑靼人的眼睛,留着两撇胡髭,这个年迈的暴君在对

---

① 胡安·比森特·戈麦斯(1857—1935),委内瑞拉军人,通过军事政变上台,三次出任委内瑞拉总统,是 1908 年至 1935 年间政府的实际控制者。

其国家实行了近三十年的铁腕统治之后才安静地死在了自己床上。那位管家至今还记得他的将军、将军午睡的吊床以及将军心爱的斗鸡。)

门:你是在和他谈话之后才产生创作这部小说的想法的吧?

加:不,我是在军政府在米拉弗洛雷斯总统府开会那天萌发这一创作欲望的。也就是说,在佩雷斯·希梅内斯下台之后的两三天,你还记得吗?当时好像出了什么事,我们这些文字记者和摄影记者在总统府接待厅里等着。凌晨四点钟左右,门开了,只见一个身穿迷彩服、足蹬满是污泥的靴子、手持一挺冲锋枪的官员倒退着走了出来,从我们这些记者中间穿了过去。

门:我还记得他倒退着走路的那副模样。

加:他倒退着走着,端着冲锋枪,他那双满是污泥的靴子把地毯也踩脏了。他下了楼梯,钻进小汽车,直奔机场,逃亡国外了。

我就是在这一刹那,在那个军官从一间人们正在里面讨论如何组成新政府的密室出来的时候,才对政权、对政权的奥秘有了直觉认识的。

门：几天之后，在我们坐着小汽车去我们工作的杂志社的路上，你对我说："描写拉丁美洲独裁者的长篇小说至今尚未问世。"因为我们一致认为，阿斯图里亚斯的《总统先生》不能算数，它糟透了。

加：糟透了。

门：我记得，你从此开始大量阅读独裁者的传记。你非常惊讶，发现拉丁美洲的独裁者都十分昏聩荒唐。每天晚上吃饭的时候，你总会给我讲一个从书里看来的故事。下令把黑狗斩尽杀绝的是哪个独裁者？

加：杜瓦利埃①，海地的杜瓦利埃医生，人称"医生老爹"。他曾下令把全国的黑狗斩尽杀绝，因为据说他的一个敌人为了逃避逮捕和暗杀，竟变成了一条狗，一条黑狗。

---

① 弗朗索瓦·杜瓦利埃（1907—1971），海地政客，早年毕业于海地大学医学院，做过医生，当过公共卫生部长，1957年至1971年任海地总统。

门：巴拉圭的弗朗西亚博士①曾经下令全国二十一岁以上的男人都得结婚，是不是？

加：是的。他居然还把他的国家当成一栋房子关闭起来，只许打开一扇窗户递送邮件。弗朗西亚博士这人怪极了，他居然还是一个颇有声望的哲学家，值得卡莱尔②出手研究。

门：他是神智学③者吗？

加：不，神智学者是萨尔瓦多的马克西米利亚诺·埃尔南德斯·马丁内斯④，他让人把全国的路灯统统用红纸包起来，说是可以防止麻疹流行。埃尔南德斯·马丁内斯还发明过一种钟摆，据说进餐前先在食物上摆动两下，便知食物是否下过毒。

---

① 何塞·加斯帕尔·罗德里格斯·德·弗朗西亚（1766—1840），巴拉圭政治家，神学博士，早年从事律师工作，曾积极参与独立运动，巴拉圭独立后进入执政委员会，自1817年起出任终身执政，对外实行闭关锁国政策。
② 托马斯·卡莱尔（1795—1881），英国哲学家、散文家、历史学家。
③ 字面意思为"神圣的智慧"，是一种综合了宗教、科学和哲学来解释自然界、宇宙和生命的大问题的学说，自认为是构成所有宗教的基础的真理系统。
④ 马克西米利亚诺·埃尔南德斯·马丁内斯（1882—1966），萨尔瓦多军人，曾两次出任萨尔瓦多总统。

门：那戈麦斯，委内瑞拉的胡安·比森特·戈麦斯又如何呢？

加：戈麦斯有一种非常奇特的直觉，或者说更像是一种预测未来的能力。

门：他让人宣布他的死讯，后来又突然复活，这跟你这部小说里描绘的族长的情况一模一样。顺便告诉你，我在读《族长的秋天》的时候，就联想到胡安·比森特·戈麦斯的秉性以及他的相貌特征。这恐怕不单纯是个人看法。你在写这本书的时候，心中难道没有想着戈麦斯吗？

加：对拉丁美洲的所有独裁者，特别是加勒比地区的独裁者做一个综合，是我的一贯想法。但是，胡安·比森特·戈麦斯其人显赫威严，对我特别有吸引力。毫无疑问，描绘族长式的独裁者，我从他身上撷取的素材比从其他任何人那里都要多得多。不管怎么说，二者在我头脑中的形象是一致的。当然，这并不是说，他就是书中的人物了，后者只能说是一个理想的形象。

门：你在阅读资料的过程中发现独裁者有许多

共同的特点。比方说,他们的母亲往往丧夫守寡,对不对?这种特点应该怎么解释?

加:我认为,我可以确定的一点是,他们母亲的形象主导着他们的生活,而他们自己,在某种程度上,往往是丧父的孤儿。当然,我是指那些大独裁者,而非那些坐享其成、继承政权的独裁者。后者的情况和前者很不相同,而且也很少,没有任何文学价值。

门:你对我说过,你的作品都基于一个视觉形象。那么,《族长的秋天》的视觉形象是什么样?

加:是一个非常衰老的独裁者的形象,衰老得令人难以想象,孤零零地一个人待在一座母牛到处乱闯的宫殿里。

门:记得有一次,你告诉我或写信告诉我,说这本书的开头描写的是一个非常衰老的独裁者在一个体育场受审判的情景。(古巴革命胜利后不久,我们俩出席了在哈瓦那举行的对巴蒂斯塔[①]手下的

[①] 富尔亨西奥·巴蒂斯塔(1901—1973),古巴军人,两度出任总统,在古巴革命中被推翻。

军人索萨·布朗科的审判大会。我认为,这一情景即取材于此。)据我猜测,这本书的开头你写了两次,后来把这个情节废弃不用了。这是怎么回事?

加:长期以来,我在进行创作时,总是碰到结构方面的问题。这个问题不解决,我是绝不动笔的。在哈瓦那公审索萨·布朗科的那个夜晚,我觉得被判处死刑的老独裁者的长篇独白也许是较好的结构。但是,我错了。首先,这是违反历史真实的:那些独裁者不是寿终正寝就是被人们处死,要不就亡命国外,但从来没有受到过审判。第二,独白可能会使我局限于仅仅从独裁者的视角来进行叙述,并且只使用他个人的语言。

门:我知道,你中止《族长的秋天》而转写《百年孤独》的时候,已经在这部作品上花了相当多的时间了。你为什么这样做?你并不经常中止一部作品而转写另一部作品。

加:那是因为我在写《族长的秋天》的时候,还没想得十分清楚,因此不可能做到一气贯通。相反,《百年孤独》我早有创作计划而且已酝酿多年。

它再次闯入我的创作日程,而我只需解决一个过去悬而未决的问题:全书的格调。再说,我也不是第一次遇到这种情况。一九五五年我在巴黎就曾经中断《恶时辰》而转写《没有人给他写信的上校》。后者是一部完全不同的书,其故事嵌套在前者的故事中,我当时真是被它缠住了。我是一个作家,但是我和读者一样遵循一个准则:要是对一部作品不感兴趣,就会把它搁置一旁。不过,总会有旧笔重提的最佳时间的。

门:要是用一句话概括你这部小说,该如何概括?

加:一首描写权力之孤独的诗。

门:你写这部小说为什么拖了那么长时间?

加:因为我是像写诗一样,一个字一个字地写的。开始的时候,有好几个星期我只写出了一行字。

门:你在这部作品中打破了一切束缚,做到了完全的自由:句法、时间,或许还有地理,都无拘无束。有人认为,你甚至在涉及历史时也毫无拘束。我们先来谈谈句法。书中有些很长的段落，中间没有句号和分号，不同的叙述视角交织杂错。这一切，对于你来说，当然不是毫无意义的。运用这样的语言来进行创作，究竟有何深刻的原因？

加：请你想一下，如果这本书是线性结构，将会是什么样子：篇幅冗长，比现在枯燥无味得多。相反，螺旋形的结构可以压缩时间，讲述更多的事情，仿佛是把丰富的内容紧紧地塞进胶囊一样。另外，多人称独白允许许多声音加入而不必交代其身份，就像历史上真实发生的情况，就像加勒比地区大规模的谋反活动，总是充斥着无数吵吵嚷嚷的秘密。在我所有的作品里，我认为这部小说最具有实验性质，也是我最感兴趣的一次诗性艺术冒险。

门：你在时间的运用上也无拘无束。

加：毫无拘束。你还记得吧，有一天，独裁者一觉醒来，发现每个人都戴着一顶红色圆帽。人们告诉他来了一帮古怪的家伙……

门：他们穿得好像棒花仆侍①。

加：他们穿得好像棒花仆侍，用他们的红色圆帽交换所有的一切（鬣蜥蛋、鳄鱼皮、烟叶、巧克力）。独裁者打开一扇朝着大海的窗户，看到哥伦布的三艘三桅帆船正停靠在海军陆战队遗弃的装甲舰旁边。

你看，这里牵涉两个历史事件：哥伦布到达美洲和海军陆战队登陆。我不是按照这些事件发生的先后顺序安置它们的，我有意打破时间的束缚。

门：那么，在地理方面情况怎样呢？

加：也一样。不错，独裁者所在的国家是一个加勒比地区的国家，但是这个加勒比是西班牙加勒比和英国加勒比的混合体。我熟悉加勒比的每一个岛屿、每一座城市，这你是知道的。我把那儿的一切都写进书里去了。当然首先是熟悉的东西啰：我在巴兰基亚时住过的那家妓院、我学

---

① 棒花是西班牙纸牌花色之一，仆侍是每种花色的第十张牌上绘的人物形象，通常着长袖上衣，戴红帽。

生时代的卡塔赫纳、我每天凌晨四点从报社下班去吃饭的那几家开在港口的小酒馆,甚至还有每天一大早就满载着妓女开往阿鲁巴岛和库拉索岛的那些纵帆船。我在书中描写的街道跟巴拿马商业区的街道一模一样,还描写了旧哈瓦那、圣胡安①以及拉瓜伊拉②的一些角落。当然,我也描写了英属安的列斯群岛的一些地方,那儿有印度人、中国人和荷兰人。

门:有人认为,你刻画的这个独裁者实际上是集两类不同的历史人物于一身:一类是出身农家的考迪罗③,像戈麦斯那样,从拉丁美洲内战的混乱中杀将出来,在一段时期内,他还代表了要求民族安定团结的愿望;另一类则是索摩查④式或特鲁

---

① 波多黎各首府。
② 委内瑞拉北部港口城市。
③ 西班牙语单词 caudillo 的音译,原意为首领,后特指十九、二十世纪涌现的拉美军事独裁者。
④ 阿纳斯塔西奥·索摩查(1896—1956),尼加拉瓜军人,曾任尼加拉瓜国民警卫队总司令,1937年至1947年、1950年至1956年两度出任尼加拉瓜总统,后遭暗杀身亡。

希略①式的独裁者,也就是说,那种默默无闻、毫无领袖气质的低级军官,是靠美国海军陆战队扶植才上台的。对此,你有何想法?

加:除了评论家的这些推测,使我又惊又喜的还有我伟大的朋友奥马尔·托里霍斯将军②在临死前四十八小时讲的一番话。"你最好的作品是《族长的秋天》,"他说,"我们确实像你描写的那样。"

门:说来也真巧,几乎在《族长的秋天》问世的同时,出现了另外几部拉丁美洲作家写的同一主题,即刻画独裁者的长篇小说。我现在想到的有阿莱霍·卡彭铁尔③的《方法的根源》、罗亚·巴斯托斯④的《至上者》,以及阿图罗·乌斯拉尔·彼特

---

① 拉斐尔·莱奥尼达斯·特鲁希略(1891—1961),多米尼加军人,1930年至1938年、1942年至1952年两度出任多米尼加总统,1961年遭暗杀身亡。
② 奥马尔·托里霍斯(1929—1981),巴拿马军人,曾任巴拿马国民警卫队总司令。从未出任总统,但从1968年直到他去世,可说是巴拿马实际上的最高首脑。1981年7月因飞机失事罹难。
③ 阿莱霍·卡彭铁尔(1904—1980),古巴作家、文学评论家、记者。
④ 奥古斯托·罗亚·巴斯托斯(1917—2005),巴拉圭作家。

里①的《祭奠》。拉丁美洲作家为什么突然对这种人物产生了兴趣?

加:我并不认为这是突如其来的兴趣,它是拉丁美洲文学有史以来一个永恒的主题。我认为,这种情况还会继续下去。这很容易理解,因为独裁者是拉丁美洲特有的具备神话色彩的角色;再说,属于独裁者的历史时期还远远没有终结。

但是,实际上,与其说我对这个人物本身(封建独裁者这一角色)感兴趣,不如说是对提供给我的这个思考权力的机会感兴趣。其实,在我所有的作品里都包含着这个主题。

门:是啊。在《恶时辰》和《百年孤独》里就已经有了一个大概的轮廓,人们不禁要问:你为什么对这一主题如此感兴趣?

加:我一贯认为,极权是人类创造的最高级、最复杂的成果,因此,它同时兼有人的一切显赫权

---

① 阿图罗·乌斯拉尔·彼特里(1906—2001),委内瑞拉作家、记者。

势以及一切苦难不幸。阿克顿勋爵①说过:"权力导致腐败,绝对权力导致绝对腐败。"对于作家来说,它确实是一个非常吸引人的主题。

门:我猜想,严格地来说,你同权力的首次接触纯粹是文学性质的。这方面,一定有一些文学作品和作家对你有所启迪。是哪些?

加:《俄狄浦斯王》给了我很多启迪。我从普鲁塔克②和苏维托尼乌斯③以及恺撒大帝的传记作者那儿也获益匪浅。

门:恺撒是使你着迷的人物。

加:不仅是使我着迷的人物,还是我一直渴望创造的文学形象。看起来没这个可能了,所以,我只能满足于用拉丁美洲所有独裁者的零碎材料拼凑出一个独裁者来。

---

① 约翰·达尔伯格-阿克顿(1834—1902),英国历史学家、政治哲学家,第一代阿克顿勋爵。
② 普鲁塔克(约46—约120),罗马帝国时期的希腊历史学家、传记作家。
③ 苏维托尼乌斯(约69—122),罗马帝国时期的意大利历史学家、传记作家。

门：关于《族长的秋天》，你说过不少自相矛盾的话。比如，你说过，从语言这个角度来衡量，这部小说是你所有作品中最通俗的一部，但是，实际上却是最奇特、最令人费解的……

加：情况并非如此。我只是在这部小说里使用了大量加勒比地区的习语和谚语。翻译家常常会为了搞清楚这些词语的确切含义而发疯，可巴兰基亚的出租汽车司机一听就懂，而且会会心地笑起来。这是一本加勒比沿海味十足的小说，是《百年孤独》的作者终于拿定主意要写他想写的东西时有权享受的一种奢侈。

门：你还说过，你在这本书里进行了自我忏悔，全书无处不闪烁着你个人的体验。你甚至还说过，这本书是一部用密码写就的自传。

加：是的，它确实是一本忏悔录，是唯一一本我一直想写但总也写不好的书。

门：令人惊讶的是，你居然会运用你个人的体验来重构一个独裁者的命运。任何一个精神分析学家听到这里都会竖起耳朵……有一次，你说权力的孤独和作家的孤独十分相似。也许你是指声名带来的孤独吧?成名之后的日子里,你难道没有觉得你自己的形象和你创造的这个族长形象悄悄地变得休戚相关了吗?

加:我从来没有说过权力的孤独跟作家的孤独一个样。一方面,我曾经说过,你自己也说过,声名的孤独酷似权力的孤独;但另一方面,我还说过,作家这种职业是最孤独的,因为他在写作的时候,没有人能助他一臂之力,也没有人知道他究竟想干些什么。是啊,作家孤零零一个人面对着空白的稿纸,感到极致的孤独。

至于权力的孤独和声名的孤独,毫无疑问是存在的。保存权力的策略和抵御声名的策略最终总是相似的,这也是二者都会带来孤独感的部分原因。此外,权力与声名的隔离效应更加深了这一问题的严重性。归根结底,这个问题有关掌握情况,了解信息,隔绝信息会把上述两种人同纷繁复杂、千变万化的现实隔离开来。因此,权力和声名存在同一个重要问题:"应该相信谁?"这个问题,如果放肆地加以引申，最后将会导致这样一个问题："我他妈的到底是谁？"如果我不是一个著名的作家，我就不会意识到这种危险。当然，这对于我塑造最后也许连自己的名字都忘了的族长的形象是大有裨益的。在这场你来我往、相互妥协的游戏中，作家笔下的人物不管多么令人憎恶，作家最终总是与其休戚相关，即使仅仅出于同情。

今日

当然，如今一切都不同了。当初他是个双鱼，而今已成为金牛了。过去，他瘦骨嶙峋，局促不安，一个劲儿地猛抽烟卷；现在，他戒了烟，体重增加了十公斤，神态稳重安详，使他往昔的老相识感到惊讶。他青年时代放荡不羁的生活已经不再留存丝毫痕迹，那时，黎明的天光可能把他从编辑部、酒吧或随便哪个房间唤醒。同他会面要遵从严密的日程安排。他的夫人和他的文学代理人卡门·巴塞尔斯妥善安排，保护他免受那些想会见他的人——通常是想跟他谈论他的作品的记者、教授或大学生——的干扰。他的一切都得事先安排。一月份确定一个九月份的会面且如约实现，这种事情对于一个拉丁美洲人而言实属罕见。

在《百年孤独》问世以前,他总是深深感到有必要经常给他的密友写信,什么都想跟他们谈谈:希望、挫折、忧虑和精神状态。"我必须坦承,我感到很害怕""你别以为我生活得这么紧张毫无意义",等等。如今,他原则上不写信了。他和朋友们用电话保持联系。他的声调大大咧咧的,很热情,永远加勒比味十足:"什么事呀?我是加博。"不过,他再也不吐露心事了。

要想让他深藏不露的感情出其不意地流露出来,恐怕得创造一些条件(比如说来点儿威士忌,或者在一大早的时候)。也许只有在这种时候,从他的片言只语或者他眼中突然迸发的光亮中,你才能揣度他内心隐秘的喜怒哀乐。比如,我曾经看到的那位穿着一件肘部有洞的套头衫的三十岁作家,可能十分乐意与一个试图引诱如今这位年过五旬的作家的美貌而虚伪的女郎共同经历一段冒险;当然,为了自己的平静和生活秩序不致被扰乱,他今天对她们是不加理睬的。

尽管各种声誉接踵而至,尽管各国的传记作家和记者们不断登门拜访,但是荣誉并没有冲昏他的头脑。他跟朋友们仍然一如既往。他们仍然管他叫"加博"或"加比托"(这是哥伦比亚加勒比地区"加夫列尔"的指小词①)。他们仍然像过去那样和他相处,特别是他在巴兰基亚的朋友们。他们是地道的加勒比人,不在乎什么名气。几个和他关系非常密切的朋友已经过早地离开了人世;余下的几位,则一个个体态发福、两鬓添霜,不过仍然像三十年前一样对待这位常常向他们借乔伊斯或福克纳的书来读的伙伴。

加夫列尔和他的妻子梅塞德斯结成了一对关系非常牢固的伴侣。加夫列尔认识她的时候,她还是一个十三岁的小姑娘。当时,她身材纤细,长着一对眯缝着的、从不流露惊慌神色的眼睛。确实,无论是面对各种灾难和意外,还是面对生活的幸运转折,梅塞德斯总是表现得如花岗岩般镇定自若。她

---

① 在西班牙语中,名词或形容词可以有指小词,表亲昵、喜爱等感情。

敏锐、冷静地观察一切，有如她的埃及先祖（父系的）注视尼罗河的潺潺流水。当然她也像那些加勒比地区的妇女，在加西亚·马尔克斯笔下，她们明智地把握着现实，在权力的背后形成了真正的权威力量。梅塞德斯在面对同她丈夫来往的著名人物（诸如菲德尔·卡斯特罗、路易斯·布努埃尔[①]或莫妮卡·维蒂[②]）时，谈吐极其自然，也许可以认为，这是古老而又自信的处世哲学的一个特点。秘密在于，生活中的她依然像跟在马甘格的表姐妹们相处时那么活跃；那是一个偏远的热带镇子，她在那儿出生。

这对夫妇的两个儿子罗德里戈和贡萨洛跟他们的父亲关系非常好：父亲是儿子们的一个伙伴，而且，常常跟他们相互幽默地开玩笑。"著名作家在哪儿啊？"一回到家里，他们就这么跟他开玩笑。在拉丁美洲各国，富人不敬穷人，白人不敬黑人，父母不敬子女，但加夫列尔反其道而行之：他绝不

[①] 路易斯·布努埃尔（1900—1983），西班牙电影导演。
[②] 莫妮卡·维蒂（1931—2022），意大利演员、作家。

轻率地向两个孩子显示权威，差不多从他们还在摇篮里的时候，他就完全对他们平等相待了。效果非常令人满意：这两位青年无论待人接物还是安排生活都能完全按照自己的意志做出选择，聪明理智而且不失幽默感。

加夫列尔每年大部分时间住在墨西哥。他在佩德雷加尔·德·圣安赫尔有一幢舒适的房子，那是个建立在火山石上的豪宅区，住户主要是有钱的前总统、银行家和电影圈人物。在那幢房子里面的花园尽头，有一间专供写作之用的僻静书房，房内终年保持一样的温度。室外有时不免阴雨连绵，气候寒冷，但室内总是温暖的，跟马孔多一个样。他的办公用品有：五六本词典，各类百科全书（甚至还有一套航空百科全书），一台复印机，一台无声电动打字机，以及伸手可及的五百张稿纸。

他已经不像在过去寒酸的岁月里那样在晚上写作了。每天，他穿着一件跟飞机机械师一样的外衣，从上午九点一直工作到下午三点。午餐按照西班牙习惯在下午三点享用。然后，他会听听音乐

(他所偏爱的室内乐，不过也听拉丁美洲民间音乐，包括阿古斯丁·拉腊①那些老旧的博莱罗舞曲，这常常会勾起他对同时代人的思念)。

不过，他并非一个封闭在象牙塔中的作家。如果整整一上午都关在书房里，那么他下午某个时候就会出去跟外界接触。他一星期有好几个晚上要到外面用餐。他喝酒很有节制。他极其重视了解各种信息。他每天都要收到从他的祖国空运来的各种报纸，他还浏览美国和法国的大量杂志。他的电话费是一个天文数字，因为他不管什么事情都要跟他在世界各地的朋友们通话商量。他从从容容地跟他们谈论各种话题，似乎他们就在他面前，而他自己手里正拿着一杯白兰地。

他常常外出旅行。他除了在墨西哥城和库埃纳瓦卡②各有一幢房子之外，还在波哥大和巴黎各有一套公寓；巴黎的那一套，离圆顶咖啡馆③只有

---

① 阿古斯丁·拉腊（1897—1970），墨西哥通俗作曲家、歌手。
② 墨西哥中南部城市，邻近墨西哥城。
③ 巴黎塞纳河左岸最负盛名的咖啡馆之一，文学和艺术名流云集。

三十来步之遥,他常常秋天去那边居住。他住的房间总是明亮舒适,室内的家具摆设也称心如意(总是有一个质量优良的英式沙发椅,一部传声极其清晰的电话),他可以免受行李之累来此小住。书架上摆着书,墙上挂着画,衣柜里挂着衣服,酒柜里摆满了一瓶瓶威士忌——苏格兰优质威士忌。他来到之后,只要在花瓶里插一束黄色的鲜花就什么都齐了。这是一种非常古老的迷信观念。据说,黄色的花能给人带来好运气。

是的,他跟他家里雇用的瓜希拉印第安人一样迷信。他认为,有的物品、有的情况、有的人会带来晦气(委内瑞拉人把这种倒霉事儿叫作"雌火鸡",意大利人则叫作"耶塔图拉"①)。不过,令人惊异的是,他从来没有弄错过。有些人被他看出带有晦气,结果真的都倒了霉。加夫列尔还具有奥雷里亚诺·布恩迪亚上校那种奇异的预感能力。他能预感到一样东西会掉在地上摔得粉碎。而后当情

---

① 原文为意大利语单词 jettatura,意为不祥的目光。

况果如其说,那样东西掉下来摔碎了,他又会不知所措,脸色煞白。他不明白自己怎么会、为什么会有这种预感能力。"马上要出什么事了。"有一年元旦他在加拉加斯对我说。我们把毛巾和浴衣搭在肩上,决定直奔海滩。三分钟之后,这座舒适明亮、多年来没有发生过骚乱的城市遭到了轰炸。原来,起义部队的飞机袭击了独裁者佩雷斯·希梅内斯盘踞的总统府。

我觉得他有点儿像巫师。他生活中的许多重大决定都与某种直觉能力相符,而很难用什么道理解释清楚。笛卡尔肯定不会是他的好朋友(拉伯雷倒有可能,笛卡尔肯定不是)。笛卡尔的哲学仿佛一件非常紧身的背心,使他浑身不舒服。尽管以密特朗总统为首的许多法国杰出人物都是他的朋友,然而,所有的法国人从喝第一瓶奶时就接受的逻辑对他来说却是有局限的:他把它看作是仅仅能容纳一部分现实的模子。

除了原本就害怕话筒和照相机,这一点才是他不大愿意在法国电视台露面的原因。早在学生时代就习惯于抽象的概念和分析的法国记者往往会以一种狡黠而平静的口吻提出诸如"您怎么看待文学（或者生与死、自由与爱情）？"这类问题，使得他汗毛直立。卷入这类辩论在他看来异常危险，犹如行走在布满炸药的阵地上。

其实，他最喜爱的表达方式是讲述轶事趣闻。正因为如此，他才是一个小说家，而不是散文家。也许这是地理和文化特质之一：加勒比人是用轶事趣闻来描绘现实的。和许多欧洲知识分子不同，加西亚·马尔克斯不热衷意识形态问题。他认为，卡斯蒂利亚人带给安第斯高原的许多华丽的词汇是空洞可笑的。我一直认为，他和菲德尔·卡斯特罗的友谊在很大程度上是由于他们有着同样的看待现实和理解问题的方式，以及加勒比地区所特有的共同语言。

他是卡斯特罗的密友，但是和苏联政府官员以及统治共产主义世界的阴郁官僚没有什么交情。如果用许多欧洲知识分子的苛刻眼光来看待加西亚·马尔克斯，那么是很难在政治上理解他的。对于他来说,勃列日涅夫是一回事,而菲德尔·卡斯特罗是另一回事,尽管古巴制度的许多特征都取自苏联模式。(我们对此的争论很早以前就走入了死胡同。)不过,有一点却是可以肯定的,即他与正统的共产党人之间毫无共同之处。除了几个密友,很少有人了解他在加勒比地区作为非官方的、怀有良好愿望的大使在政治上所起的作用。他和进步的社会民主党人以及自由党人有着密切的联系。身处这片被迫在反动的、军事独裁的、亲美的右派势力与亲苏的、常常是教条主义的极左派势力之间做出痛苦抉择的大陆,他支持具有民主思想、受群众欢迎的另一种力量。这也许是他赞同密特朗的一个原因。

当然,一向支持军事独裁者的拉丁美洲右派对他是深恶痛绝的,把他视为卡斯特罗的危险代理人。"你为什么不把你的钱分给穷人呢?"他的敌人怒气冲冲地责问他;他们看不出马克思和阿西西的圣方济各①之间有什么差别。他们对他居然也享

---

① 阿西西的圣方济各(1181 或 1182—1226),意大利修士,天主教方济各会创始人。

受资产阶级的奢侈品，如鱼子酱、牡蛎、优质香槟、豪华的旅馆、剪裁讲究的服装，还有最新式的小轿车等大为恼火。确实，他花钱十分大方，但这些都是他用他的打字机挣来的，他并没有剥削任何人。

许多人听说《族长的秋天》是他自传性最浓的一本书，感到奇怪。不过我认为，从某种十分隐蔽的意义上来说，确实如此。他没有像他笔下的独裁者谋取权力那样去寻求声名，声名是不期而至的，附带着赞美和沉重的代价。今天他所做、所说或所写的一切，都无法像过去任何时候那样自然随意。声名必须像权力一样加以管理。它也是一种权力。对它需要采取一种警惕的态度，而不能过分信赖。如今他肯定有只能存诸内心而不能告之他人的事情。他青年时代和落魄时期的那种对话现在只能是内心独白了。

他全部作品的主题并非凭空而来，而是植根于他自己的生活。孤独的幽灵始终追随着他，追随着寄居在阿拉卡塔卡他外祖父家的那个小男孩，追随着坐有轨电车打发凄凉的星期天的穷学生，追随着在巴兰基亚蹩脚的旅馆下榻的青年作家，追随着如今世界闻名的文学家。这个幽灵现在仍然紧随在他的左右，即使在他因名扬天下而高朋满座在圆顶咖啡馆度过的那些夜晚。他赢了奥雷里亚诺·布恩迪亚上校打败了的那三十二场战争。但是，那永远打在布恩迪亚家族身上的印记同样也是他的印记，无法摆脱。

政治

门：如果你同意的话,我们来回顾一下你的政治生涯吧。你父亲是保守派。尽管我们常说,在哥伦比亚要判断一个人是自由派还是保守派只要看这个人的父亲就行了,但是你父亲显然对你的政治立场没有什么影响,因为你很早就站在左派这一边了。你的这一政治立场是否是对家庭的一种反叛?

加:其实也并非对家庭的反叛;你想,尽管我父亲是保守派,但是我外祖父,那位上校,却是自由派,而且还是曾经拿起武器反对过保守派政府的自由派。也许,我最初的政治教育是从他那儿得到的:他没有给我讲什么童话故事,而是跟我讲述了我们国家上一次内战期间发生的极其残酷的故事,那场内战是自由派思想家及反教权主义者为反对保守派政府而发动的。外祖父还给我讲述了我出生那年发生在我们家乡的那场香蕉工人大屠杀。你看，要说家庭的影响，我离反抗的潮流比离传统秩序还更近一些。

门：你还记得你是在什么时候、什么地点开始阅读政治书籍的吗？

加：就在我就读的锡帕基拉的一所中学里。这所中学有许多老师都是在左派的老阿方索·洛佩斯总统①执政期间由马克思主义者在师范学校培养出来的。在那所中学，代数老师在课余教我们历史唯物主义，化学老师借给我们看列宁的书，历史老师则给我们讲解阶级斗争……当我从这座冰冷的牢房出来时，简直分辨不清东西南北了；不过，我内心深处却也有了两条信念：一、优秀的小说应该是现实的艺术再现；二、人类最接近的目标是社会主义。

---

① 阿方索·洛佩斯·普马雷霍（1886—1959），哥伦比亚政治家，曾于1934年至1938年、1942年至1945年两度出任哥伦比亚总统。

门：你加入过共产党吗？

加：我在二十二岁的时候参加过一个支部的活动，不过时间很短，我不记得做过什么有意义的事情。确切地说，我不是党组织的成员，只是一个同情者。从那时起，我和共产党人的关系就时常变化，有时还会争论起来，因为只要我的态度他们不喜欢，他们就会在他们的报纸上对我大肆攻击。不过，即使身处极其恶劣的环境，我也从来没有发表过反对他们的声明。

门：一九五七年我们俩去东德做了一次旅行。当时我们对社会主义满怀希望，可是那次旅行给我们留下的印象实在太糟糕了。那次访问没有动摇你的政治信念吗？

加：你一定还记得，关于那次对我的政治立场起了决定性影响的访问，我后来接连写了一批文章，把我的那些印象永远保存了下来，发表在当时波哥大的一家杂志上。① 二十几年之后，这些文章

---

① 这批文章指加西亚·马尔克斯的系列报告文学《铁幕之内九十天》，最早于1959年发表在波哥大的《万花筒》杂志上。

未经我本人许可结集出版了。我想，人们出版这本书不仅仅是由于它的时代和政治价值，同时也是为了展示我个人思想发展中的所谓矛盾。

门：难道没有所谓的矛盾？

加：没有。我于是立即宣布该书合法并将其收入我的全集，现在，在哥伦比亚到处都能买到这种全集的平装本。我没有改动原版的一个字。此外，一九八〇年波兰危机爆发的原因，我也在这些文章里进行了解释，二十四年前，教条主义者说我被美国收买了。可笑的是，这些教条主义者今天却腰缠万贯，坐在资产阶级权力的宝座上，而历史的发展越来越清楚地证明真理掌握在我的手里。

门：你对所谓的人民民主有何看法？

加：我那些文章的中心意思就是，在所谓的人民民主下面，并无真正的社会主义可言，走这条路永远也不会到达社会主义，因为这种制度不是建立在每个国家各自不同的条件之上的。这种制度是由苏联通过各国教条主义的、没有想象力的共产党强加于他们的，这些教条主义者除了不切实际地强制推行苏联模式之外，什么也不会干。

门：我们现在再来回顾一下我们俩的另一段共同经历，在古巴的经历。我们都在古巴拉美通讯社工作过。记得旧的共产党开始控制古巴革命的许多机构时，我们两人都辞职不干了。你如今是否还认为当时我们这样做是正确的？或者是否认为这仅仅是中途的一个意外，而当时我们未能分辨清楚？

加：我认为，我们当时在拉美通讯社的做法是正确的。要是我们还留在那里，当时的教条主义分子就会抓住我们的思考方式大做文章，给我们扣上这么几顶大帽子：反革命分子、帝国主义走狗，等等。你大概还记得，我当时默默地躲到边缘化的位置，继续写我的小说，在墨西哥一面写电影剧本，一面就近密切关注古巴革命的发展和变化。依我看来，古巴革命在经历了最初几场巨大的风暴之后，正在艰难的、有时甚至是矛盾的道路上行进，不过这为建立一个更加公正、更加民主、更加令我们大家满意的社会制度提供了良好的前景。

门：你对此确信无疑吗？相同的原因会导致

相同的结果。如果古巴把苏联那一套制度（如单一政党、民主集中制、对人民实行铁腕统治的国家安全机关、由政府操纵的工会，等等）作为自己的样板，那么，你所说的那"更加公正、更加民主的社会制度"肯定会像在苏联那样受到非议。你难道没有这种顾虑？

加：取决于从什么角度进行分析，你们始终坚持"古巴是苏联的卫星"，我却不以为然。你只须跟菲德尔·卡斯特罗打一分钟交道，就会发现他不听任何人发号施令。我认为，二十多年以来，古巴革命一直处于危急状态，这要归咎于美国所持的不谅解和敌视态度，他们不能容忍在离佛罗里达九十海里的地方存在这样一个样板。不能责怪苏联，如果没有他们的援助（不管其动机和目的如何），就不会有今天的古巴革命。只要这种敌意不消除，古巴就只能处在危急状态之中，被迫进行自卫以谋取生存，被排除在它所处的历史、地理和文化区域之外。哪一天这一切都正常了，我们哪一天才能进行对话。

门：一九六八年苏联出兵捷克斯洛伐克，菲德尔·卡斯特罗也同意了（尽管有所保留），对此你有什么看法？

加：众所周知，我已发表了抗议声明。如果再次发生类似事件，我仍将采取同样态度。我和菲德尔·卡斯特罗的立场唯一的不同之处在于（我们的立场本就不一定永远保持一致），他最后到底为苏联入侵进行了辩护，而我是永远不屑为之的。但是，他在他的演说里对人民民主的内部情势所做的分析，比我在我们刚才提到的那几篇文章里所持的观点还要尖锐、惊人得多。不管怎么说，拉丁美洲的命运过去没有，将来也不会在匈牙利、波兰或捷克斯洛伐克决定，而只能在拉丁美洲决定。舍此之外，任何别的想法都是欧洲式的偏执，关于这一点，你提出的一些有关政治的问题也不能幸免。

门：七十年代，古巴诗人埃韦尔托·帕迪利亚[①]被捕并发表其著名的自我批评之后，我和你的

---

① 埃韦尔托·帕迪利亚（1932—2000），古巴诗人，曾因持不同政见被捕，后侨居美国。

好几个朋友都与古巴政权保持距离,而你却没有。你没有在我们发起的抗议电报上签名,反倒回到古巴,跟菲德尔交上了朋友。是什么原因促使你采取了这种对古巴政权极为有利的立场?

加:因为我想掌握更加确切、更加直接的情况。政治上的成熟使我对现实采取了一种更为心平气和、更为耐心和更富人情味的谅解态度。

门:许多像你这样的拉丁美洲作家把社会主义(马克思列宁主义的)说成是一条充满希望的出路。难道你不认为这种"爷爷辈的社会主义"已经有点儿过时了吗?因为这种社会主义在今天已经不是什么慷慨的理想,而是一种不怎么吸引人的现实了(你承不承认?)。波兰发生那件事[①]后,人们不再相信工人阶级在这些国家掌握着权力。在腐朽的资本主义和同样腐朽的"社会主义"(带引号的)之间,你是否看到我们这片大陆还有第三条出路?

加:我没想过什么第三条出路,我认为有许多

---

① 应指1956年发生在波兰中西部城市波兹南的针对执政党的大规模罢工事件。政府出动了军队镇压。

出路，也许在美洲，包括美国在内，有多少国家就有多少条出路。我认为，我们必须寻找我们自己的解决办法，同时尽可能地充分借鉴别的大陆经过长期、曲折的斗争而获取的经验，但绝不能机械地照抄照搬，而我们一贯如此行事。最终，必然会发现一种适合自己的社会主义模式。

门：谈到别的可能性，那么请问：密特朗政府能在拉丁美洲起什么作用？

加：最近，在墨西哥举行的一次午宴上，密特朗总统向我们这些作家提问："诸位对法国有何指望？"结果，就如何回答这一问题发生了争论，问题被导向谁是谁的主要敌人。在座的欧洲人异口同声地说，苏联是他们的主要敌人，他们肯定认为我们是想要对世界重新进行分配，就像人们过去在雅尔塔会议上所做的那样。但是我们拉丁美洲作家却说美国是我们的主要敌人。我最后是这样回答总统的问题的（你现在提的也是这个问题）："既然我们大家各自都有主要的敌人，那么我要说，我们拉丁美洲今天缺少的是主要的朋友，一个社会主义的法国当之无愧。"

门：你认为资本主义发达国家的那种民主有可能在第三世界实现吗？

加：发达国家的民主是它们自身发展的结果，而非相反。在拥有不同文化的其他国家（例如在拉丁美洲各国）生硬地强制推行这种民主的做法是机械的、不切实际的，这跟推行苏联的制度毫无二致。

门：那你认为民主只是富国特有的一种奢侈啰？你别忘了，民主能保护你为之斗争的人权……

加：我说的并不是原则，而是民主的形式。

门：顺便问一句，你长期为人权进行斗争，结果如何呢？

加：这很难衡量，像我在人权方面所进行的工作，并不都能收到明显的、立竿见影的效果，但有时也会出人意料。而且，在诸多因素同时并存的情况下，要衡量其中一个因素的效果几乎是不可能的。对于像我这样一个享有一定声誉并习惯了成功的作家，这类工作就是一所教导谦卑的学校。

门：在你所做的诸多工作中，哪一件最使你感到满意？

加：在我所做的这类工作中，给我带来最迅速、最令人激动同时也最合理的满足感的要算下面这件事：还是在桑地诺阵线①取得胜利之前，现任尼加拉瓜内政部长托马斯·博尔赫要我帮他想出一条巧妙的理由，好让他在马那瓜②的哥伦比亚大使馆避难的妻子和七岁的女儿安全脱身。独裁者索摩查拒绝放行，因为她们是桑地诺阵线最后一位幸存的缔造者的家属。我和托马斯·博尔赫对当时的情势分析了好几个钟头，最后终于找到了一条有力的理由。那小女孩曾经有过肾机能不全的问题，于是我们向一位医生请教，如果那小女孩继续待在那种环境里会发生什么样的后果，他的回答给了我们一条我们一直在寻找的理由。不到四十八小时，出于人道的而非政治的原因，母女俩获准出境，到了墨

---

① 尼加拉瓜民族解放运动组织，以尼加拉瓜民族英雄奥古斯托·塞萨尔·桑地诺的名字命名。
② 尼加拉瓜共和国首都。

西哥。

但是,最令人沮丧的例子莫过于一九七九年我为营救被萨尔瓦多游击队绑架的两个英国银行家所做的努力了。他们俩一个叫伊恩·梅西,一个叫迈克尔·查特顿。由于双方没能达成协议,这两个人在四十八小时之后就要被处决了。这时,奥马尔·托里霍斯将军应被绑架者家属的请求,给我打了个电话,要我设法营救。我立即通过许多中间人向游击队传递了信息,很幸运,信息及时送到了。我只要求立即就赎放问题进行谈判,他们答应了。我于是请求当时住在昂蒂布①的格雷厄姆·格林,要他做英国方面的工作。游击队和银行方面谈了整整四个月,我和格雷厄姆·格林根据事先讲好的条件,都没有参加谈判。但是,只要出现了障碍,其中一方就会来找我,以便恢复谈判。后来银行家被释放了,我和格雷厄姆·格林都没有收到任何致谢的表示。不感谢倒没有什么关系,只是让我非常惊讶。

---

① 法国南部地中海沿岸小城。

后来，我左思右想，只能想到一个原因：我和格雷厄姆·格林把事情办得太圆满了，以至于英国人认为我们是和游击队一伙的。

门：许多人把你看成是加勒比地区的巡回大使，当然啰，还是位好心眼儿的大使。你是卡斯特罗的好朋友，但同时也是托里霍斯、委内瑞拉的卡洛斯·安德烈斯·佩雷斯[①]、哥伦比亚的阿方索·洛佩斯·米切尔森[②]和桑地诺分子等的好朋友。你是一位权威的中间人。是什么促使你承担这一使命的呢？

加：你刚才提到的三个人正好都是在加勒比地区的关键时刻执政的，应该说，这是一个相当幸运的巧合。只是很遗憾，这几位具有合作精神的人物，都没有能够工作更长时间。在一段时间里，他们三位和古巴的菲德尔·卡斯特罗以及美国的吉米·卡特协调，原本可以使这个冲突频繁的地区朝

[①] 卡洛斯·安德烈斯·佩雷斯（1922—2010），委内瑞拉政治家，1974年至1979年、1989年至1993年两度出任委内瑞拉总统。
[②] 阿方索·洛佩斯·米切尔森（1913—2007），哥伦比亚政治家，前总统阿方索·洛佩斯·普马雷霍之子，1974年至1978年出任哥伦比亚总统。

着一条非常美好的道路前进。他们保持着颇为积极的接触,互通消息,对此我不仅可以做证,而且我还曾经尽可能地跟他们合作过。我认为,中美洲和加勒比地区(对我来说,它们是一码事,真不懂为什么要起两个名字)正处在历史的紧要关头,而且也已具备摆脱长久以来的困境的成熟条件。但我也认为,美国不会允许他们这样做,原因是这意味着美国得放弃他们长久以来一直享有的极不合理的特权。尽管有着种种局限,卡特毕竟是近年来加勒比地区迎来的最好的对话者,而托里霍斯、卡洛斯·安德烈斯·佩雷斯和洛佩斯·米切尔森等人几乎同时执政对开展这种对话也是至关重要的。正是这样的认识促使我在那个历史时刻挥了一种也许微不足道、对我而言却极有意义的作用。我所发挥的作用无非是在这种时候充当了一名积极进行斡旋的中间人。如果不是因为美国那场灾难性的选举选出了一个代表相反利益的人[①]出任总统,我们的工作也

---

① 指1981年当选的美国总统罗纳德·里根。

许会走得更远。托里霍斯说我搞"秘密外交",还有好几次在公开场合说我总有办法把消极的信息转化为积极的信息。我不知道这是对我的夸奖还是责备。

门:你希望你的国家有什么样的政府?

加:任何能为穷人谋幸福的政府。你想想看!

妇女

门：某次你曾有幸一睹世界上最美丽的女性的芳容（好像是在一次鸡尾酒会上？）。你和这位世界上最美丽的女性似乎有点儿一见钟情[①]。她约你第二天在一家银行门口会面，你如期赴约了。可是当一切条件具备，你和那位绝色佳人就要发生点儿瓜葛时，你却溜了。像一只兔子似的溜了。因为她是世界上最美丽的女性（你曾这么认为），所以这个插曲绝不会只是一个平淡无奇的故事；可是对于你来说（我们这些人都十分了解这一点），梅塞德斯，你和梅塞德斯的婚姻，比其他任何事情都重要。我

---

① 原文为法语。

们是否可以认为,夫妇之间的幸福要以这种"英勇的牺牲"作为代价?

加:你在重提这个陈旧的故事时犯了一个错误,因为你没有看清它的结局跟夫妇之间的幸福并没有什么关系。根据我对这类关系的理解,世界上最美丽的女性并不一定就是最吸引人的女性。在跟她简短交谈之后,我得到的印象是,她的秉性会和我产生感情上的冲突,而这,也许是她美丽的容貌所不能补偿的。我始终认为,如果双方一开始就立下信条,互不相欺,那么女性的忠贞是任何事物都不能比拟的。而这种忠贞唯一不能容忍的就是践踏立下的信条。也许我当时觉得这位全世界最美丽的女性并不懂得怎么下这种棋,倒想跟我玩另一套把戏。恐怕说穿了,她除了容貌美丽之外别无其他长处了。而双方要建立良好的关系,只有这一条是远远不够的。这就是事情的始末。要说牺牲嘛,是有一点儿,但也算不上什么"英勇"。这个"故事"前后不到半个小时,不过倒也留下了颇为重要的痕迹:让卡洛斯·富恩特斯给写成了一个短篇小说。

门：在你的一生当中，妇女究竟重要到了什么程度？

加：如果不充分估量妇女在我的人生中发挥的重要作用，就不能如实地了解我的一生。我是由我外祖母和许多姑姥姥、姨姥姥、姨妈抚养长大的，她们轮流照料我；抚养我的还有那些女仆，在我的童年，是她们给了我许多幸福的时光，因为比起我们家的其他女性来，她们不说心眼儿没那么褊狭，起码也要不同得多。我还记得，教会我读书的是一位容貌端丽、举止文雅而又聪明绝顶的女老师，是她促使我萌发了对上学的浓厚兴趣。我去上学只是为了能看到她。我这一辈子，无论何时，仿佛总有一位女性拉着我的手，在混沌的现实中摸索前进，她们只须借助少许光亮便能辨清方向；在认识现实方面，和她们比较起来，男人就大为逊色了。我的这一看法最后竟变成了一种感觉，也可以说，几乎成了一种迷信：只要我置身女性中间，我就感到我不会遭遇任何坏事。女性使我产生某种安全感，而如果没有这种安全感，我这辈子所做的美好的事情一件也做不了。我认为,我尤其不可能写作。当然,这也就是说,我和女人相处比和男人相处更为融洽。

门:在《百年孤独》里,女人总是在男人带来混乱的地方建立秩序。这是不是你对两性的历史作用的看法?

加:在我的作品里,这种关于男人和女人命运的安排,一直到《百年孤独》都是自发的和不自觉的。还是评论家们,特别是埃内斯托·福尔克宁[①],使我对此有所觉察。我一点儿也不喜欢这样,因为从此以后,我再也不能纯粹无意识地塑造女性形象了。但是不管怎么说,以这种眼光来分析自己的作品,我发现这确实符合我对两性的历史作用的看法:女人以铁的手腕维持着人类的秩序,而男人则一味地以种种狂热鲁莽的行动来闯荡世界,推动历史。这使我产生了这样的想法:妇女缺乏历史感。而事实上,如果不这样,她们就不能完成使人类延

[①] 埃内斯托·福尔克宁(1908—1982),哥伦比亚散文家、影评人。

续下去的首要使命。

门：你是在什么地方形成你对女人和男人的历史作用的看法的呢？

加：也许是在外祖父家里，听关于内战的故事的时候。我始终认为，如果女性没有那种令他们可以大无畏地移山填海的近乎地质性的力量，内战是不可能进行下去的。事实上，正如我外祖父所讲的那样，男人们扛着枪杆子去打仗，不知将开拔何处，也不知何时才能返回家园，但是肯定不用担心家里出事；因为没有关系，妇女留了下来，承担起哺育后代的责任，她们会哺育出一个个男子汉去顶替在战争中倒下的人。除了本身的毅力和想象力，妇女没有别的依靠。她们就像送别开赴战场的儿子的希腊母亲，说："你得挎着盾牌或躺在盾牌上回来。"这意思是说，活着也好，死去也好，永远也别失败了回来。我常常想，在加勒比地区显而易见的这种妇女的性格是否就是我们男子气概产生的原因？也就是说，男子气概是否是母系社会的产物？

门：我觉得，你总是把注意力集中在同一类型的女性身上，即在《百年孤独》中以乌尔苏拉·伊瓜兰为典型代表的女性：专司维系家族之职的母亲形象。但是世界上（你生平一定也碰到过）毕竟还有变化无常、心狠手辣或者简单地说"光彩照人"的女性。你怎么对待她们？

加：一般来说，这些妇女所寻求的不外乎是一个父亲般的角色。所以，只要人到老年，就很容易找到这类妇女。她们唯一需要的或许只是一点儿善意的陪伴、些许理解和一丝温情，并且总会礼貌地对此表示感谢。当然，你能提供给她们的终究只是一丁点儿，因为她们的孤独是永远无可慰藉的。

门：你还记得你第一次因一位女性而心神不宁的情景吗？

加：记得我跟你说过，第一个吸引我的女性是我五岁那年教我读书的那位女老师。不过那是另一码事。第一个使我神魂颠倒的女性是个在我们家干活儿的姑娘。一天晚上，从我们家旁边的一所房子里传出悠扬的音乐，这位姑娘非常纯洁大方地拉我到院子里去跳舞。当时我只有六岁光景,我接触到她的身体,感情受到巨大冲击,甚至今天都不能自已,因为此后我从未再次体会过那么强烈的感觉,尤其是那种乱了方寸的感觉。

门:那最近一位使你躁动不安的女性是谁呢?

加:实话告诉你,就是我昨天晚上在巴黎一家餐馆看到的一位女郎,真的,不骗你。这种情况时有发生,连我自己都懒得去统计次数了。我有一种非常特殊的本能:每当进入一个人群聚集的地方,我就会感到有一种神秘的征兆促使我不由自主地看向人群中令我心动的女郎所在的地方。她并不一定是最漂亮的女性,但肯定是我可以与之亲密无间的女性。我当然不会有什么举动,我只要知道她待在那儿就心满意足了。这是一种纯洁的、美好的情感,因此,有时候连梅塞德斯自己也帮我寻找这位女郎,甚至帮我选择最合适的位置。

门:你敢肯定你没有丝毫大男子主义吗?你能举例向对你并不信任的女权主义者证明你不是那种人吗?

加：所谓的女权主义者对于大男子主义的看法并不一致，跟我的看法也不尽相同。比方说，有些女权主义者想当个男人，这直接表明她们原来是一些受挫的大男子主义者；还有一些人通过比任何男人都更大男子主义的行为来维护自己的女性身份。所以，我很难在这方面，哪怕是在理论上，举出什么例子来。我只能以我的实际行动阐明我的看法，我举出我的一部作品：《一桩事先张扬的凶杀案》。毫无疑问，这是对我们社会的大男子主义本质的透视和谴责。当然，这是个母系社会。

门：那么，你认为什么是大男子主义呢？

加：我认为，无论是男人还是女人，大男子主义都是剥夺别人权利的表现。就这么简单。

门：族长在性机能方面是一个非常原始的男人，这是他的替身被毒死的时候告诉我们的。你认为，这种情况会影响他的性格或他的命运吗？

加：我记得基辛格曾经说过，权力会刺激性欲。不管怎么说，历史表明，有权势的人物往往受着性带来的某种狂热折磨。不过，我要说，我在

《族长的秋天》中的想法还要复杂：权力成了性爱的替代品。

门：说得对。在你的作品里，凡是寻求并夺得权力的人似乎都不懂性爱。我不单是指那位族长，而且也是指奥雷里亚诺·布恩迪亚上校。不懂性爱是否是他们权力癖的原因或后果？

加：根据我的想法，我认为不懂性爱是驱使他们在权力中寻求安慰的因素。不过我对这个论断从未十分肯定。对于我来说，它还需要进一步加以检验。我还是把这留给别人去干吧，他们也许会干得更加出色，更加有趣。

门：《恶时辰》里的中尉镇长好像也有性的问题，他究竟是性无能呢还是同性恋？

加：我从来没有说过《恶时辰》里的中尉是同性恋；不过，我得承认，他的所作所为会引起别人的怀疑。事实上，我在某一稿里也把这件事写成了镇上流传的谣言，但后来我又删掉了，因为我觉得这么处理过于简单了。我宁可让读者自己去判断。不过，无可置疑的是，这位镇长确实不懂得爱，尽管我在塑造这个人物时并没有自觉地这么构思。这一点，我还是在后来塑造奥雷里亚诺·布恩迪亚上校的性格时才意识到的。不管怎么说，这两个人物和族长之间并不是在性行为方面，而是在权力方面相似。《恶时辰》里的中尉是我探索权力奥秘的第一次尝试（小镇长官这样非常普通的角色），族长的角色更为复杂。他们之间的相似性是十分明显的：在某个层面上，奥雷里亚诺·布恩迪亚上校相当于《恶时辰》里的中尉镇长，而在另一个层面上，则相当于族长。我想说的是，无论是哪种情况，他的行为都会一样。

门：你确实认为不懂得性爱是一个非常严重的问题吗？

加：我认为，人类没有比这更大的不幸了。不仅是对有这类隐痛的人而言，对那些不幸迈入他们的人生轨道的人也是如此。

门：对于你来说，性自由有没有一定的限制？限制是什么？

加：我们所有人都是自身偏见的俘虏。在理论上，作为具有自由思想的男人，我认为性自由不应有任何限制；但实际上，我又不能摆脱天主教教育及资产阶级社会偏见的束缚。我也跟大家一样，听凭两重道德观念的摆布。

门：你是两个儿子的父亲。你自己有没有想过，如果你有女儿，会变成怎样的父亲？严厉的、宽厚的，或者有可能是忌妒的？

加：我只有儿子，而你只有女儿。我只能说，你有多忌妒你女儿，我就有多忌妒我儿子。

门：你曾经说过，所有的男人都性无能，但幸好总会有一个女人为他们解决这一问题。你难道真的认为我们男人在性的问题上如此压抑吗？

加：我记得有一个法国人是这样说的："没有性无能的男人，只有不通此道的女人。"其实，尽管只有少数人承认这一点，任何正常的男人在经历一次新的性行为时总是战战兢兢的。我想，只能从文化这个角度来解释这种胆怯心理：他是怕给女人带来不愉快的体验，而事实上也确实带来了，因为这种胆怯情绪阻碍他像男子气概要求的那样给女人带来愉快的体验。从这个意义上来说，我们男人都是软弱胆怯的，只有依靠女人的理解和帮助，才能体面地向前挺进。不过这也并非坏事，这会给性爱增添魅力：使每次都仿佛第一次，而男女双方每次都得从头学起，仿佛生平第一次体验。不懂得这种感情，不理解这一奥秘，是情色描写不能为人所接受和如此令人厌倦的原因。

门：你年轻的时候，可以说是一贫如洗，默默无闻，那时你常常感到没有女性陪伴的苦恼。如今，你成了名人，有的是机会跟女性交往了。不过，你的私生活又必须非常检点，这使你变得非常古怪，成了一个难以接近的人。难道你在内心深处不怨恨这种命运的不公平吗？

加：我之所以没有成为一个无所顾忌的所谓唐璜式的人物，倒不是因为我需要保护我的私生活，而是因为我不认为情爱乃是一种短暂的、不计后果的袭击。我认为，情爱是男女双方的一种文火慢炖的关系，因此，根据我目前的情况，是不可能再增加的。当然，我并不是说没有出现过短暂的诱惑，那种出于虚荣、好奇乃至无聊的不留任何蛛丝马迹的诱惑。总之,我始终坚信,地球上还没有任何一种力量能够改变我的私生活的这种秩序;不必多加解释,我们都明白这意味着什么。

迷信　怪癖　爱好

门：你曾经说过这样的话："心中没有上帝的人，尽可以去迷信。"这对你来说是一个严肃的话题。

加：非常严肃。

门：为什么？

加：我认为，迷信，或者说所谓的迷信，有时是符合为盛行于西方的理性主义思想所不齿的自然禀赋的。

门：我们从最常见的迷信说起吧：先说说十三这个数字。你认为真会给人带来晦气吗？

加：我的看法完全相反。了解实情的人设法让别人相信它会带来不祥的后果（美国人就一直信这一套；他们的旅馆从十二层一下子跳到十四层），其实只是为了不让别人使用这个数字，以便自己独自受益罢了，因为这是一个预示好兆头的数字。碰见黑猫啦，从楼梯底下走过啦，也都属于这类情况。

门：你们家总有黄色的花朵，这有什么讲究吗？

加：只要有黄花，我就不会遇上倒霉事儿。必须得有黄花（最好是黄玫瑰），或者跟妇女待在一起，我才感到安心。

门：梅塞德斯总是在你的写字台上放一朵玫瑰花。

加：她总是那样。有好几次，我坐在那儿老不出活儿，什么也写不出来，废了一张又一张稿纸。我于是抬头一瞧花瓶，发现了原因所在：原来少了一朵玫瑰花。我喊了一声，让人把玫瑰花给送来，此后，一切又都顺利了。

门：这么说来，黄色对于你是预示运气的颜色啰？

加：黄色是，黄金却不是，金色也不是。对于我来说，黄金简直就是屎。我就像厌恶屎那样厌恶黄金，一个精神分析学家这么说过我。我从小就这样。

门：《百年孤独》中有一个人物曾把黄金比作狗屎。

加：是啊，何塞·阿尔卡蒂奥·布恩迪亚发现了炼金术的奥秘并把他的实验结果展示给儿子看的时候，他儿子说："像狗屎。"

门：所以，你是从来不戴黄金首饰的。

加：从来不戴。不管是手镯、项链、手表还是戒指，我都不戴金的。你不会在我们家见到黄金制品。

门：我们俩在委内瑞拉学到了一件事，它在我们的生活中很有用：坏品位和坏运气之间存在着某种关系。委内瑞拉人把一类倒霉事儿叫作"雌火鸡"，是由品位做作的东西、态度或人招来的。

加：这是委内瑞拉民间有识之士应对新近发家的有钱人的恶劣品位急剧扩散的一种特殊的防御手段。

门：我记得，你曾经列过一个预示倒霉事儿的物品和事情的完整清单，现在你能举出一两个例子来吗？

加：行，其中有些是极其普通和常见的东西。例如门背后的蜗牛啦……

门：还有房子里的鱼缸……

加：塑料花、孔雀、马尼拉绣花大披巾……清单确实很长。

门：有一次你还提到了披着长长的黑斗篷闯进饭店唱歌的西班牙青年。

加：那是一帮搞乐队的学生。很少有什么事情比这个还要败兴。

门：那么礼服呢？

加：也一样，只是程度不同。穿燕尾服比穿无尾晚礼服运气要更加不济，但比穿长礼服却要好点儿。热带地区穿着的无尾晚礼服是唯一一种不会让人倒霉的礼服。

门：你从来没有穿过燕尾服吗？

加：没有。

门：难道你永远也不会穿？要是你得了诺贝尔奖，你总该穿了吧？①

加：我有好几次参加活动或仪式时都提出一个条件，就是不穿燕尾服。我们又有什么法子呢：不这样会倒霉的嘛。

门：我们还发现了这类事情的一些更为微妙的例子。比如说，你曾经判断，裸体抽烟不会有什么不好的后果，可裸体抽烟加上闲逛就要大倒其霉了。

加：光着身子又穿着鞋子走路也会倒霉。

门：没错。

加：穿着袜子做爱也不行。准坏事儿。准没有什么好结果。

门：还有什么事会倒霉？

加：利用自己的缺陷演奏乐器的残疾人。比方说，用脚来演奏打击乐器或者用耳朵固定笛子的独臂人，还有盲人乐师。

---

①1982年12月8日，加西亚·马尔克斯穿着哥伦比亚民族服装参加了诺贝尔文学奖授奖仪式。

门：我想，有些词大概也会引出倒霉事儿来。我是说，你能不能给我说说哪些词你在写作时是从来不用的。

加：一般来说，是从社会学家那里搬过来的词：水平、参数、语境。"共生"也是一个倒霉词。

门："聚焦"也是。

加："聚焦"当然也是。"丧失能力的"怎么样？我从来不用"和/或"，也不用"为了""违背"。①

门：有没有什么人也会招来霉运？

加：当然有，不过还是不提的好。

门：我也这么想。有这么一位作家，走到哪儿就把晦气带到哪儿。我不能说他是哪位，要是说了，我们这本书就该完蛋了。要是碰到这么一个倒霉蛋，你怎么办？

加：我敬而远之。特别是不要跟这种人睡在一个地方。记得几年前，我和梅塞德斯在科斯塔布拉

---

① 本句中后面三个带引号的词对应的西班牙语原文依次是：y/o, por, contra de。

瓦①的一个小镇租了一套公寓。我们突然发现一位女街坊,一位来向我们问好的女士,满脸晦气。我于是就不在那儿过夜了。白天待在那儿,晚上离开。晚上我到一个朋友的公寓里去睡觉。梅塞德斯为此非常不快,可我只能这么办。

门:那你到过什么倒霉的地方吗?

加:到过。我倒不是说这些地方本身会带来什么倒霉事儿,而是说在这些地方,我曾经碰到过不祥的预兆。我在卡达克斯时就这样。我心里清楚,要是我再回到那儿去,准得送命。

门:以前你不是每年夏天都到那儿去吗?出过什么事吗?

加:有一次,我们在一家旅馆下榻,刮起了一阵北风,那种令人心惊胆战的可怕的风。我和梅塞德斯在房间里躲了整整三天,出不去门。我当时产生了这样一个想法:这一回我准有性命之虞了。我知道,就是我活着从卡达克斯出去,也不可能再回

---

① 位于西班牙东北部的滨海地区,在巴塞罗那和法国边境之间。下文提到的小镇卡达克斯就在这一地区。

来了。风一停,我们马上就从那条你熟悉的弯弯曲曲的狭窄公路走了。到了赫罗纳①,我的心情才平静下来,松了一口气。我奇迹般地安然无恙;但我心里明白,要是我再回到那儿去,就不会像这次一样安全脱身了。

门:常听人说,你能预言未来。对此,你如何解释?

加:我认为,这是潜意识搜集情报和踪迹的结果。

门:我记得那是一九五八年元旦,在加拉加斯。当时,你感到马上要发生什么严重的事情了。后来果然发生了,几乎就在我们面前:总统府遭到了轰炸。谁也预料不到这种事。直到今天,我还是很纳闷,你怎么会有这种预感呢?为什么你会有呢?

加:肯定是因为我在我下榻的房间里醒来时听到了军用飞机飞行的声响。于是,在我的潜意识里

---

① 这里指赫罗纳省首府。

就产生了正在发生特殊的事情的感觉。因为当时我刚从欧洲回来,而在那儿,军用飞机只有在战争时期才在城市上空盘旋。

门:你的这种预感是不是非常明显?

加:不明显,模模糊糊的,对了,仿佛是一种与某件具体的事情相关的恐惧。听着,有一天,我在巴塞罗那系鞋带,突然预感到我在墨西哥的寓所发生了什么事。当然并不一定是坏事,但是肯定有什么事发生。不过我总感觉有点儿害怕,因为那天我儿子罗德里戈正巧开车到阿卡普尔科去。于是我就让梅塞德斯给家里打电话。果然发生了一件事。原来,就在我系鞋带那会儿,在我们家干活儿的一个姑娘生孩子了,生了一个小男孩。我如释重负地舒了一口气,因为幸好我那次预感跟罗德里戈没有什么瓜葛。

门:我认为,你的预感和直觉还真帮了你不少忙。你生平的许多重大决定都是依靠它们做出的。

加:不仅仅是重大决定,而是所有的决定。

门:果真是所有的决定吗?

加：所有的决定。每天的决定。我每次要做出什么决定，总是凭预感或直觉。

门：我们来谈谈你的怪癖吧。你最大的怪癖是什么？

加：我生平最老、最持久的习惯就是准时，这是我从小养成的。

门：你说过，你打错一个字就要换一张稿纸。这是你的怪癖呢还是迷信？

加：怪癖。对于我来说，打字错误或者涂改都是写作风格的失误（也可以说这仅仅是写作时的一种胆怯情绪）。

门：你在衣着穿戴方面有什么怪癖吗？我是说，为了不招致灾祸，你有从来不穿的衣服吗？

加：很少。实际上，如果有哪件衣服会带来晦气，我在买下之前就会知道。不过，有一次，由于梅塞德斯的一句话，有件外套我从此就不穿了。那次她带着孩子从学校回来，从窗口看到我待在家里，仿佛穿着一件带格子的外套。其实，当时我在别的地方。她把这件事告诉我之后，我就再也不穿那件外套了，尽管那件我确实很喜欢。

门：我们再来谈谈你的兴趣爱好吧，就按照妇女杂志的办法进行，好不好？如果按照人们向选美皇后提问那样问你一些事情，一定蛮有趣的。你最爱读的是哪一本书？

加：《俄狄浦斯王》。

门：你最喜欢的音乐家？

加：巴托克。

门：最喜欢的画家？

加：戈雅①。

门：你最崇拜的电影导演？

加：奥逊·威尔斯②，特别是因为他导演了《不朽故事》；还有黑泽明，因为他的《红胡子》。

门：你生平最喜欢的一部电影？

加：罗西里尼③的《罗维雷将军》。

---

① 弗朗西斯科·何塞·德·戈雅－卢西恩特斯（1746—1828），西班牙浪漫主义画派画家。
② 奥逊·威尔斯（1915—1985），美国电影演员、导演。
③ 罗伯托·罗西里尼（1906—1977），意大利新现实主义电影导演。

门:其次呢,还有哪一部?

加:特吕弗①的《祖与占》。

门:你最想要创造的电影人物?

加:罗维雷将军。

门:你最感兴趣的历史人物?

加:恺撒大帝,当然是从文学的角度来衡量。

门:你最讨厌的历史人物?

加:克里斯托弗·哥伦布。再说,他还长着一副倒霉相。《族长的秋天》里的一个人物就这么说他。

门:你最喜欢的文学作品中的人物?

加:卡冈都亚、爱德蒙·邓蒂斯和德古拉伯爵。②

门:你最讨厌的日子?

加:星期天。

---

① 弗朗索瓦·特吕弗(1932—1984),法国新浪潮电影导演。
② 卡冈都亚,法国作家拉伯雷的名著《巨人传》中的人物。爱德蒙·邓蒂斯,法国作家大仲马的名著《基督山伯爵》中的主人公基督山伯爵的真名。德古拉伯爵,爱尔兰作家布拉姆·斯托克所著哥特式恐怖小说《德古拉》中的主角。

门：你最喜欢的颜色人所共知：黄色。但是，确切地说，是哪一种黄色？

加：我曾经确切地描述过：下午三点钟从牙买加眺望到的加勒比海的那种黄色。

门：你最喜欢的鸟类？

加：这我也说过，就是法式香橙鸭[①]。

[①] 原文为法语。法餐名菜之一。

声誉和盛名

门：我们来谈谈一个令人不快的题目：声誉。你成名之后，结识了不少朋友，这些新的友谊是否和旧的那些同样深厚？你能否察觉什么时候这种友谊是真诚的，什么时候仅仅是由于你的声誉的吸引？

加：有好几年，我就按《百年孤独》问世前后结交这个划分标准，把我的朋友分成两大类。我这么做的意思很明白：我觉得我的旧友更加可靠，因为他们是由于种种原因成为我的朋友的，而不是因为我成了名才攀附我的。随着时间的推移，我才渐渐发觉我错了：结交朋友的原因纷繁复杂，被某人的声誉所吸引，应该说也是一个合情合理的原因。

当然啰，这里面包含两层意思。如今，我本人也结识了许多过去不可能结识的名人，我是由于慕名，也仅仅是由于慕名才结识他们的，后来又跟他们交上了朋友，因为我发现了我们的相似之处，这种相似同我们的名气毫无关系。所以，我们可以说，在这个意义上，声誉是积极的，因为它提供了建立友谊的众多机会；而如果没有声誉，这种友谊恐怕是不可能建立的。尽管如此，尽管我对新交很亲切，但是对于我来说，《百年孤独》出版前结交的老朋友仍然是特殊的；我们仿佛某种秘密的共济会，对往昔怀有相同的感情这个几乎不可摧毁的黏合因素使其得以巩固。

门：你难道没有意识到，你的声名多少已经改变了你和他们的关系？举一个例子：你已经不像过去那样给他们写信了。

加：不错。不过，我现在不像过去那样天真地对任何人都吐露心事，倒不是因为在声誉带来的不确定性中做不到这样，而是因为生活最后总是使人变得不如以前天真。确实，我从十几年前就不再给人写信了,不过我不仅不给我的朋友们写,也不给其他任何人写。自从我偶然发现有人把我的私人信件卖给美国某个大学作为档案材料,我就不写信了。发现我的信件竟然也沦为了商品,我感到极其沮丧,从此再也不写信了。

门:你现在总是给朋友们打电话……

加:为了和朋友们聚会相处,有时我也做环球旅行,这样做虽然花费贵得离谱,但也是我珍视友谊的又一个证明。

门:在你新近结交的朋友中间,有些人是国家首脑。据我所知,他们之中有的人还向你请教,倾听你的意见。你内心对于政治难道没有欲望?或者说,你内心难道没有对权力的隐秘迷恋?

加:没有。事实是,我只是对于生活有着一种不可抑制的激情,而政治仅仅是生活的一个方面,而且不是我最喜欢的一个方面。我常常想,如果我出生在一个不像拉丁美洲那样有那么多政治问题的大陆,我是否会去过问政治。我的意思是说,我认为自己只是个应急政治家。

门：你们这一代拉丁美洲作家都关心政治，而你更为突出。以你与一些国家首脑的友谊为例。

加：我和他们的关系，更多的是声誉（无论是他们的还是我的）带来的广泛的社交机会所衍生的结果，但是我同他们中的某些人的友谊，却是因为我们个人之间意气相投，跟权力或声誉全然无关。

门：你不认为你内心对权力有一种隐秘的迷恋吗？

加：是的，我对于权力有着强烈的迷恋，但并非隐秘的迷恋。恰恰相反，我认为，对于权力的迷恋在我笔下的许多人物身上，甚至在批评家们最容易忽视的乌尔苏拉·伊瓜兰身上，都是显而易见的。当然，这也是《族长的秋天》的价值所在。毫无疑问，权力是人类雄心及意志的最高表现。我真不明白，怎么会有作家对于某种影响——有时甚至是决定——他们生活于其中的现实因素无动于衷。

门：那么，就你个人而言，是否曾经有过获取权力的欲望？

加：从未有过。我这一辈子经历的许多事证

明，我总是彻底避开各种级别的所有权力，因为我缺乏相应的天赋、修养和决心。这是任何一种职业都必须具备的三个基本条件。我认为，作为一个作家，这三个条件我倒都具备。对于个人命运的错误选择也是一个严重的政治错误。

门：你和菲德尔·卡斯特罗私交很深。你本人如何看待你和他的友谊？这种友谊究竟出于什么原因？是由于你们两人政治观点相似呢，还是因为他和你都是加勒比人？

加：你仔细听着，我和菲德尔·卡斯特罗亲密的、以真挚的感情维系着的友谊是从文学开始的。一九六〇年我们在拉美通讯社工作的时候，我由于一个偶然的机会跟他打过交道。我当时觉得，我们没有多少话可讲。后来，我成了著名的作家，他成了举世闻名的政治家，我们双方怀着非常尊敬、友好的心情见了好几次面，不过当时我并不觉得我们之间的关系能超越我们在政治倾向上的亲近。大约六年前的一个清晨，卡斯特罗对我说他要回家去了，因为还有一大批文件等着他去批阅呢。他对我说,那个不可推卸的责任真使他厌倦透了。于是,我就建议他阅读一些风趣和文学价值兼而有之的书籍,以便消除批阅行政文件所带来的疲劳。我提了许多书名,惊奇地发现他几乎全都读过,而且他对这些书还都有很好的见解。那天清晨,我发现了一个鲜为人知的秘密:原来菲德尔·卡斯特罗竟是一个贪婪的、热心的读者,他对各个时期的优秀文学作品都十分熟悉,而且态度还极其认真。即使在十分困难的处境中,他也总是手不释卷,以便在有暇时阅读。清晨四点钟,我们相互道别,我给他留了一本书。第二天中午十二点钟,我重新见到他时,他已经把整本书读完了。要知道,头天晚上我们还聊了一晚上啊。另外,他还是一个非常认真、非常仔细的读者,他会在别人不注意的地方找出矛盾和错误的细节。他读完《一个海难幸存者的故事》之后,立即来到我住的旅馆,只是为了告诉我书中有一处船只航行速度的计算错误,因为船只到达的时间绝不可能如我在书中所说。他说的有道理。所以,后来在发表《一桩事先张扬的凶杀案》之前,我就把原稿给他送去，他阅毕当即指出了我在关于猎枪的细节描写中的一个错误。人们可以感觉到，他喜爱文学，他在这块天地里感到心情舒畅，他还喜欢推敲他越来越频繁的演说应当采取的文学形式。有一次，他不无忧愁地对我说："我来世真愿意当一个作家。"

门：你和密特朗的友谊也是以文学为基础的吗？

加：我和密特朗的友谊也是从文学开始的。巴勃罗·聂鲁达出任智利驻法国大使期间，曾经向他提起过我。大约在六年之前，密特朗访问墨西哥时，曾请我共进早餐。我读过他的作品，我对他那不可抹杀的文学天赋以及只有天生的作家才具备的对于语言的激情一直深怀敬佩之意。他也读过我的作品。在那次早餐期间以及第二天晚宴时，我们谈文学谈得非常投机，尽管我始终认为，我们彼此的文学修养存在差异，所喜爱的作家也不尽相同。特别是我对法国文学不甚了了，而他却了如指掌，仿佛自己就是一个职业作家。当然，和我与菲德尔·卡斯特罗打交道的情况不同，只要我和密特朗会面,特别是他登上共和国总统宝座之后,我们总是谈论政治,几乎从不谈论文学。一九八一年十月,密特朗总统在墨西哥邀请卡洛斯·富恩特斯、危地马拉伟大诗人及文学批评家路易斯·卡尔多萨-阿拉贡①和我共进午餐。那是一次极为重要的政治午餐。但是我事后才得知,密特朗夫人非常失望,因为她原先还以为可以参与一场有关文学的谈话呢。一九八一年十二月,密特朗总统在爱丽舍宫为我佩戴荣誉骑士勋章,在他发表的简短的演讲中,使我感动得几乎热泪盈眶的,是这样一句必定也令他本人深为感动的话:"你属于我热爱的那个世界。②"

门:你和巴拿马铁腕人物奥马尔·托里霍斯将军私交也很深,这份友谊是如何建立的?

加:我和托里霍斯将军可以说是不打不成交。大概是在一九七三年,我在接受一次采访时说,他是一个煽动家,发动收复巴拿马主权的运动只是为

---

① 路易斯·卡尔多萨-阿拉贡(1904—1992),危地马拉作家、诗人,曾数次出任驻外使节,当时正流亡墨西哥。
② 原文为法语。

了保存自己，而实际上，在推动巴拿马必不可少的社会变革方面，他却什么也没做。巴拿马驻伦敦领事立即找到了我，告诉我说，托里霍斯邀请我去巴拿马，以便我自己核实我的那种说法多么不公正。我当时怀疑托里霍斯的邀请只是一种宣传手段，于是就回答说，只要不公布我出访的消息，我接受这一邀请。他同意了。但是，在我抵达巴拿马之前两天，各家通讯社都发出了我出访的消息。我当机立断，改去哥伦比亚。其实，这只是一个与托里霍斯性格迥异的人办事不妥造成的，但托里霍斯为此非常内疚，并重申邀请。数月之后，我秘密出访巴拿马。当我表示想见托里霍斯时，却办不到，尽管有国家安全部的协助，二十四小时之后才见到了他。他接见我时开怀大笑，对我说："你知道为什么连安全部也找不到我吗？因为我在自己家里，这是任何人，包括安全部在内，也想不到的我的最后一个去处。"从此，我们俩就因真正的加勒比人所特有的相投意气成了好朋友。有一次，当关于巴拿马运河的谈判变得极为紧张和不确定时，我们两人在法拉利翁军事基地单独相处了十五天，我们喝着威士忌，海阔天空，无所不谈。我当时没有胆量离他而去，因为我想，把他一个人撇在那儿，说不定他会顶不住那种压力，举枪自毙。我永远不会知道我的这种担心是不是毫无根据。不过，我一向认为，托里霍斯个人品质的最大弱点就是他甘当烈士。

门：你跟他谈论过书籍吗？

加：托里霍斯没有读书的习惯。如果要他系统地进行阅读，他会显得焦躁不安，极不耐烦，但他始终了解第一流书籍的信息。他具有一种几乎只有动物才具备的直觉能力，为我生平所仅见；他还具备一种有时会被误认为是预言能力的感知现实的能力。对于头脑里尚在思考的想法，菲德尔·卡斯特罗会一面滔滔不绝地讲，一面使之逐渐完整、成熟；托里霍斯不同，他守口如瓶，绝不外露。我们这些朋友都知道，他嘴里说的和他心里想的往往是两码事。他是我所认识的最谨慎小心、最高深莫测的人。

门：你最后一次见到他是什么时候？

加:在他死前三天。[①]一九八一年七月二十三日,我在巴拿马他的家里,他邀请我陪他去内地旅行。我真不知道为什么,但是自从我们成为朋友以来,我第一次拒绝了他。第二天我就到墨西哥去了。两天之后,一位朋友打电话告诉我,托里霍斯因飞机失事遇难了。而那架飞机,我们曾经和那么多朋友乘坐过那么多次。我当时感觉五内俱焚,因为我这才发觉我比自己原本以为的还要爱他。对于他的死,我永远也无法适应。日子一天天过去,我还是这么认为。

门:格雷厄姆·格林也是托里霍斯的好朋友。你读了大量格林的作品,后来又与他结识。你对他印象如何?

加:他是我读得最多、最认真的作家之一。我早在大学时代就开始读他的作品了,在探索热带的奥秘方面,他也是对我帮助最大的作家之一。事实上,文学中的现实并非照相式的,而是合成式的。

[①] 此处加西亚·马尔克斯记忆有误,托里霍斯于1981年7月31日逝世。

发现用于合成的基本要素是叙事艺术的奥义所在。格雷厄姆·格林对此十分内行，我是从他那儿学来的。我认为，在我的几部作品里，特别是在《恶时辰》里，这一点是显而易见的。

对于我来说，没有哪位作家能像格雷厄姆·格林那样，其形象同我在见到他之前头脑中的预设如此一致。他沉默寡言，对于你谈论的事情似乎兴趣不大。但是相处几个小时之后，你会意识到：你们一直在不停地聊。有一次，在乘飞机长途旅行时，我对他说，他和海明威是人们不容易在他们身上发现别人的文学影响的为数极少的作家中的两位。他回答说："在我身上影响是明显的：亨利·詹姆斯①、康拉德。"后来，我问他，在他看来，为什么不授予他诺贝尔文学奖。他迅速给出了回答："因为他们认为我不是个严肃作家。"这两个回答虽然出乎我的意料，却告诉了我他是如何思考问题的。我至今仍然清楚地记得那次旅行，好像我们进行了长达

---

① 亨利·詹姆斯（1843—1916），美国小说家。

五个小时的谈话。自从许多年前读了《权力与荣耀》①，我就觉得作者应该是他现实中这副样子。

门：他和托里霍斯有着跟你和托里霍斯相似的友谊，对此，你有什么看法？

加：他和托里霍斯的友谊，同我和他们两位的友谊一样，都是意气相投所致。好几年之前，格雷厄姆·格林就被限制进入美国，因为有一次他在申请入境签证时声称，他在青年时代当过几个月的共产党员。我和他受到同样的对待，因为我曾经担任过古巴拉美通讯社驻纽约记者。鉴于这种情况，托里霍斯发给我们每人一张巴拿马公务护照，让我们作为他的客人，出席一九七八年在华盛顿举行的巴拿马运河条约签字仪式。我永远也不会忘记，格雷厄姆·格林抵达华盛顿安德鲁斯海军基地②后，在国歌声和礼炮声中走下专机时面带讥诮的神情，因为只有政府首脑才有这样的待遇。第二天，我们出席了签字仪式，离拉丁美洲各国政府首脑——其中有

---

① 格雷厄姆·格林的重要作品。
② 口误，应为空军基地。

巴拉圭的斯特罗斯纳①、智利的皮诺切特②、阿根廷的魏地拉③以及玻利维亚的班塞尔④——就座的长桌子不到十米。我们两人饶有兴味地观察着,想象眼前是一群味道鲜美的动物⑤,谁也未做任何评论。突然,格雷厄姆·格林弯下身子,贴着我的耳朵用法语对我说:"班塞尔想必是一个非常不幸的人。"这句话我永远也不会忘记,特别是因为格雷厄姆·格林是怀着极大的怜悯说的。

门:在已故作家中间,你可以成为哪位的朋友?

加:我可以成为彼特拉克⑥的朋友。

---

① 阿尔弗雷多·斯特罗斯纳(1912—2006),巴拉圭军人,1954年通过发动军事政变成为巴拉圭总统,其后掌权长达35年之久。
② 奥古斯托·皮诺切特(1915—2006),智利军人,1973年发动军事政变推翻民选政府,1974年起出任智利总统,1990年离任。
③ 豪尔赫·拉斐尔·魏地拉(1925—2013),阿根廷军人,1976年通过发动军事政变成为阿根廷总统,1981年离任。后以反人类罪被判终身监禁,死于监狱中。
④ 乌戈·班塞尔(1926—2002),玻利维亚军人,1971年发动军事政变,出任玻利维亚总统,1978年被迫辞职,流亡国外。后组织政党,1997年当选总统,2001年因病辞职。
⑤ 拉丁美洲人民把军事独裁者蔑称为"猩猩"或"毛虫",故有此说。
⑥ 弗朗西斯科·彼特拉克(1304—1374),意大利诗人。

门：你受到过教皇若望·保禄二世的接见，你对他印象如何？

加：是的，教皇在当选后不到一个月就接见了我。他当时给我的印象是，他不仅像在梵蒂冈教廷迷失了，而且在世界广大地区都找不到自己的位置，他仿佛还没有卸任克拉科夫主教这一职位。他甚至还没有学会如何使用自己办公室里的物品。当我向他告别时，他拿出钥匙转了好半天，还是没打开他图书室的门。我们在里面憋了好久，后来还是他的一名助手从外面给我们打开了门。我举这个例子并不是说他给我的印象很坏，恰好相反，我觉得他是一个精力充沛、极其朴实热情的人，似乎随时准备为自己的教皇身份请求人们原谅。

门：你拜访他目的何在？

加：我是为了请求他对拉丁美洲人权计划给予支持才去拜访他的，但是他似乎只对东欧的人权问题感兴趣。不过，等他在几个星期之后到了墨西哥，第一次接触到第三世界的贫困境况，我觉得他开始正视他过去一无所知的另一部分人类了。我们的会见大概只有一刻钟,我们是用西班牙语交谈的,因为他想在去墨西哥之前练习一下,那次会见给我留下了一个令人欣慰的印象,那就是他当时根本不知道我究竟是谁。

门:有一次我在巴黎见到你和马尔戈·海明威①一起吃饭。你能跟她谈些什么呢?

加:她滔滔不绝地谈她的祖父,而我则谈我的外祖父。

门:在你所认识的人里,谁是举世罕见的人物?

加:我的妻子梅塞德斯。

---

① 马尔戈·海明威(1954—1996),美国作家欧内斯特·海明威的孙女,二十世纪七八十年代美国著名时装模特。

译后记

本书是加西亚·马尔克斯与哥伦比亚作家兼记者P.A.门多萨的谈话录。这部谈话录共十四章(其中第一、第四、第七和第十章系门多萨撰写),具体、生动、详尽地叙述了加西亚·马尔克斯的生平、文学修养、创作实践和社会活动。这位蜚声世界文坛的杰出作家,通过侃侃而谈的对话,向读者介绍了他最初的文学训练、所受的文学影响,分享了对自己作品的剖析以及对拉丁美洲魔幻现实主义文学作品的解读。作家还阐述了自己在长期的创作实践中如何博采众长,在艺术上不断探索和创新,如何以提醒拉丁美洲公众牢记历史为职责,着意反映拉丁美洲的历史嬗变、社会现实及浇漓世风。

这些来自拉丁美洲本土的第一手材料,特别是出自作家本人之口的材料,可能跟一些文学评论家所持的观点不尽相同,甚至完全不同,却是极其重要的,原因很简单:对于自己的作品,作家比评论家更了解个中滋味。读这些背景材料有助于我们深入了解和研究这位拉丁美洲文学巨匠的创作初衷、他对文学素材的发现和撷取、他感知现实的角度、他的社会责任感、他成功的经验,甚至他作品中对某些人物或事件的影射或隐喻。

这本谈话录题名为《番石榴飘香》,亦颇具匠心。作家在谈话录中说,精选素材有可能加工提炼出番石榴的香味。这是一个极富拉丁美洲特色的比喻:番石榴是拉丁美洲的一种常绿灌木,其果实呈球形或卵形,外皮黄绿色,大小若核桃或西红柿或甜瓜,香味浓郁,可供鲜食或制果汁、果冻、果酱。文学作品亦然,只有经过提炼加工,文学素材才能成为艺术品;文学家只有经过刻苦的、锲而不舍的实践,才有希望登上艺术高峰。

P.A.门多萨是哥伦比亚著名作家兼记者,与加西亚·马尔克斯曾为同事，私交颇深。他曾在委内瑞拉的《埃利特》周刊及《现代》周刊、哥伦比亚的《自由行动》及《文汇》杂志、法国的《自由》杂志担任领导职务。著有短篇小说集《逃兵》(1974)、长篇小说《逃亡岁月》(1979，获哥伦比亚小说奖)、传记文学作品《火与冰》(1984)等。还曾出任哥伦比亚驻意大利、葡萄牙大使。

加西亚·马尔克斯不仅是一位深孚众望的杰出作家，还是一位积极活跃、颇得民心的社会活动家。他始终在为拉丁美洲实现和平安定而四处奔波。他充分认识到自己所肩负的历史责任。他曾经不止一次说过，作家的职责在于提醒公众牢记容易被遗忘的历史。他认为，这就是作家的革命责任。因此，他那在社会实践中饱经磨炼的笔锋一向紧紧围绕重大的历史和现实题材。同时，他也努力探索从各个角度尝试运用并革新各种流派的艺术手法，多层次地创作具有鲜明民族特色、艺术技巧日趋圆熟的文学作品。

本书据西班牙布鲁格拉出版社一九八三年一月

第二版（一九八二年四月初版）译出。

博尔赫斯曾经说过："一切可能犯下的文学错误我都犯过，而这一点也使得我有时候获得了正确。"[1]

作为一名文学翻译工作者，我套用博尔赫斯的这句话，一切可能犯下的翻译错误我都犯过，而这一点也常常使得我去寻找和纠正自己的错误。

《番石榴飘香》一书是我在一九八六年译毕、一九八七年首次出版的。由于当时资料匮乏，信息不畅，理解不透，我对书中频频出现的一些西班牙文词语曾错译误译；特别是对于加西亚·马尔克斯家人的称谓，如 tía 一词，不问长幼，统统译为"姨妈"，在已经充分掌握相关材料的今天看来，煞是荒唐可笑，也十分对不住读者。加西亚·马尔克斯从小住在外祖父母家，在母系亲属里面，他有不少 tía（主要释义确是"姨妈"）。如 la tía Francisca，原译弗兰西斯卡姨妈，错了，应译弗兰西斯卡表姑姥

---

[1] 见《博尔赫斯七席谈》，林一安译。

姥，因为她是作家外祖父的表姐，作家母亲的表姑；la tía Petra 原译佩特拉姨妈，也错了，应译佩特拉姨姥姥，因为她是作家外祖母的同父异母姐妹，也是作家母亲的姨妈；还有 la tía Margarita，原译玛加丽塔姨妈，这倒译对了，她是作家母亲的亲姐姐，故可维持原译不变；la tía Elvira 原译埃尔维拉姨妈，这也译对了，她是作家母亲的同父异母姐姐，也可维持原译不动，等等。据西方习俗，他们是不大讲究区分辈分的，不管是姨妈、姑妈、姨姥姥、姨奶奶、姑姥姥、姑奶奶，还是舅母、伯母、婶母……一概称作 tía。厘清了彼此的关系，我总算舒了口气，修订后的译文可以放心呈献读者了，也许也可以获得读者的原谅了。谢谢多年来一直关注加西亚·马尔克斯作品的读者诸君。

林一安

二〇一三年四月十二日，北京太阳宫

图书在版编目（CIP）数据

番石榴飘香 /（哥伦）加西亚·马尔克斯,（哥伦）P.A.门多萨著；林一安译. -- 2版. -- 海口：南海出版公司, 2025.8. -- ISBN 978-7-5735-0974-1

Ⅰ．K837.755.6

中国国家版本馆CIP数据核字第2024ZC4679号

番石榴飘香
〔哥伦比亚〕加西亚·马尔克斯　P.A.门多萨　著
林一安　译

出　　版	南海出版公司　(0898)66568511
	海口市海秀中路51号星华大厦五楼　邮编 570206
发　　行	新经典发行有限公司
	电话(010)68423599　邮箱 editor@readinglife.com
经　　销	新华书店
责任编辑	侯明明
特邀编辑	陈方骐　吕宗蕾
营销编辑	罗淋丹　李琼琼
装帧设计	尚燕平
内文制作	田小波
印　　刷	山东京沪印刷科技有限公司
开　　本	850毫米×1168毫米　1/32
印　　张	7.5
字　　数	100千
版　　次	2015年1月第1版　2025年8月第2版
印　　次	2025年8月第1次印刷
书　　号	ISBN 978-7-5735-0974-1
定　　价	49.00元

版权所有，侵权必究
如有印装质量问题，请发邮件至 zhiliang@readinglife.com

著作权合同登记号 图字: 30-2013-213

EL OLOR DE LA GUAYABA
CONVERSACIONES CON GABRIEL GARCÍA MÁRQUEZ
by: PLINIO APULEYO MENDOZA and GABRIEL GARCÍA MÁRQUEZ
© Plinio Apuleyo Mendoza and Gabriel García Márquez, 1982,
and Heirs of Gabriel García Márquez
All Rights Reserved.